DIE REIHE
*Archivbilder*

# STREIFLICHTER AUS ALT-MANNHEIM

Relief des Stadtgründers Friedrich IV. an der Kurfürst-Friedrich-Schule in C 6, um 1907. Der protestantische Kurfürst Friedrich IV. (1574-1610) setzte sich für Religionsfreiheit ein. Als Bollwerk gegen die Truppen der katholischen Fürsten gründete er 1606 auf Mannheimer Boden die Festung Friedrichsburg und erhob 1607 Mannheim zur Stadt. Bildhauer Wilhelm Kollmar stellte das Relief 1907 fertig.

DIE REIHE

*Archivbilder*

# STREIFLICHTER AUS ALT-MANNHEIM

Volker Keller

ALAN
SUTTON

Sutton Verlag GmbH
Gustav-Adolf-Straße 3
99084 Erfurt
http://www.suttonverlag.de

1. Auflage 2000



ISBN 3-89702-265-6

Druck: Midway Clark Printing, Wiltshire, England

Der Wasserturm, um 1915. Das von 1886 bis 1889 nach dem Entwurf von Gustav Halmhuber errichtete technische Bauwerk ist das Wahrzeichen Mannheims. Durch Bombentreffer wurde 1943 das Turmdach zerstört. Mit einem Notdach versehen, bot das Gebäude in den Nachkriegsjahren einen beklagenswerten Anblick. An Vorschlägen, es ganz abzureißen, fehlte es nicht. Ein 1956 realisierter Ideenwettbewerb erbrachte recht futuristisch anmutende Wiederaufbauvorschläge. Schließlich setzten sich die Befürworter einer Rekonstruktion des originalen Dachaufbaus durch, die 1962/63 erfolgte.

# Inhaltsverzeichnis

# Bildnachweis

Folgende Personen und Institutionen unterstützten das Buch durch ihre Leihgaben. Ich danke ihnen ganz herzlich.

Albrecht, Werner: 4, 6, 9-12, 13 u., 14 f., 16 u., 17, 19 u., 20 f., 22 u., 23, 24 u., 27 o., 29 u., 32 o., 33, 34 l., 35 f., 60 u., 41 o., 42 o., 44, 47 o., 48, 49 o., 50-54, 55 u., 56 u., 57, 59 u., 60-62, 66 f., 68 u., 69 u., 70-72, 74 o., 76 o., 77 o., 82, 84-87, 89 u., 92 o., 95 f., 97 u., 102, 105 f., 107 o., 108, 110 u., 120 u., 121 f., 123 u., 125 u., 126, 127 u.
Behaghel, Peter: 75 u.
Feuerstein, Rüdiger: 127 o.
Hänlein, Hartmut: 74 u.
Herzberg, Doris: 49 u.
Keese, Gudrun: 38
„Mannheimer Morgen“: 80 o.
Mercedes Benz: 43 o.
Metzger, Luise: 30, 124
Nestler, Luise: 41 u.
Oppenheimer, Friedrich Mosche: 79
Reiß-Museum, Mannheim: 18, 25, 26 o., 27 u., 28, 31 o., 39, 40 o., 46 o., 73, 78 o., 81, 83 u., 88, 90, 91 o., 97 o., 103, 109
Rieder, Zwi: 56 o.
Stadtarchiv Mannheim: 26 u., 37, 55 o., 59 o., 63 u.
Alle nicht bezeichneten Fotos stammen aus der Sammlung des Verfassers.

# Fischerdorf und Metropole

Die Stadt Mannheim existiert seit dem 24. Januar 1607. An diesem Tag unterzeichnete Kurfürst Friedrich IV. von der Pfalz die Stadtprivilegien und erhob Mannheim zur Stadt. Dieses Datum lag den Jahrhundertfeiern 1707, 1807 und 1907 zugrunde und wird auch 2007 die 400-Jahr-Feier einleiten. Als Siedlung aber ist Mannheim viel älter. Erstmals wurde „Manninheim" im Jahre 766 in einem Urkundenbuch des Klosters Lorsch erwähnt. Das Fischerdorf lag günstig inmitten der fruchtbaren Rheinebene, am Schnittpunkt uralter Handelswege. Bis um das Jahr 1278 umfloß der Neckar das Fischerdorf Mannheim links herum und mündete mehrarmig bei Neckarau in den Rhein. Dann, vermutlich nach einem heftigen Hochwasser, entschied er sich für eine Mündung im Norden Mannheims. Die Mannheimer bewohnten ihre Hütten auf einer meist hochwasserfreien Fläche im Gebiet zwischen den heutigen Planken und dem Schloß, bis die pfälzische Politik diesem beschaulichen Leben ein Ende setzte. Der protestantische, wegen seiner Trinkfreudigkeit berühmte Kurfürst Friedrich IV. beschloß, auf der Stelle des Dorfes ein Festungsbollwerk gegen den katholischen Feind zu erbauen. Am 17. März 1606 legte er, zum Unwillen der Einwohner, den Grundstein zur Festung Friedrichsburg. Die Mannheimer mußten wohl oder übel ihre Behausungen in die hochwassergefährdete Gegend der heutigen Unterstadt verlegen. Nordöstlich an die sternförmig angelegte Burg angrenzend wurde die Bürgerstadt mit geometrisch verlaufenden Straßen erbaut. Festung und Stadt, von Bollwerken umgeben und von solchen voneinander getrennt, erhoben sich auf einem idealtypischen, auf dem Reißbrett von Festungstechnikern geplanten Grundriß. Die „Quadrate", zumindest die der Unterstadt, erhielten schon damals ihre heutige Form.

Die friedlichen Zeiten waren zu Ende. Die Festung zog die Belagerungsheere an, die Mannheim und die Friedrichsburg sowohl im Dreißigjährigen Krieg 1622 als auch im Pfälzischen Erbfolgekrieg 1689 zerstörten. Im 18. Jahrhundert erlebte die unter Einbeziehung der Friedrichsburg wiederaufgebaute Stadt ihre Blüte als Hauptstadt der Kurpfalz, denn 1720 verlegte Kurfürst Karl Philipp seine Residenz nach Mannheim. Seine altmodische Bergfeste am Hang des Heidelberger Königstuhls war ihm, nach einem heftigen Streit mit den Heidelbergern, für immer verleidet. Zudem sollte der Neubau eines prunkvollen Residenzschlosses der Superlative in der Ebene, nach dem Vorbild von Versailles, die Schlösser anderer Souveräne in den Schatten stellen. Der ehrgeizige Plan bescherte Mannheim nach 40jähriger Bauzeit das größte Schloß Deutschlands und eine kulturelle Blütezeit, von der es noch heute zehrt. Das Gelände der zerstörten Friedrichsburg war ein ideales Grundstück, auf dem das Schloß in räumlicher Beziehung zur Stadt erbaut und in den Blickpunkt von sieben Längsstraßen gestellt werden konnte. Ein Festungsgürtel aus 13 Bastionen schützte die mit dem Schloß vereinte Stadt. Der Stadtgrundriß war klar und einprägsam. Die typischen Mannheimer „Quadrate", von elf Längsstraßen und neun „Zwerchgassen" gebildet, entstanden nun auch in der Oberstadt. Adelige Familien erbauten in Schloßnähe ihre Stadtpalais. Ein Heer von Dienstleuten, Hofschranzen und anderes von der Residenz profitierendes Publikum bevölkerte Mannheim.

Nur zwei Kurfürsten residierten in Mannheim; Karl Philipps Nachfolger Karl Theodor verlegte den Hof nach München, denn ein Erbfall machte ihn in der Silvesternacht 1777 auch noch zum Landesherrn Bayerns. Mannheim geriet aus dem Zentrum des Landes an die Peripherie und sank zur Provinzstadt herab. In den Revolutionskriegen wurde die Stadt 1795 von den

Österreichern beschossen und zum dritten Mal zerstört. Ab 1799 erfolgte die Schleifung der kriegstechnisch veralteten Festungsanlagen. Die Niederlegung der Bastionen brachte Licht und Luft in die Stadt.

1803 wurde Mannheim im sogenannten Reichsdeputationshauptschluß dem Land Baden zugesprochen. Mannheim beschied sich weiterhin mit der Rolle als beschauliches, vom Ruhm vergangener Tage zehrendes Landstädtchen an der Peripherie des neuen Staates. Anstelle des Gürtels aus Bastionen, Wällen und Gräben entstand im 19. Jahrhundert ein Ring aus Grünanlagen und Gärten. Zwischen Schloß und Rhein konnte von 1808 bis 1811 nach der Niederlegung des Festungsrings der lang ersehnte Schloßgarten angelegt werden. Hier war es, wo Freiherr Karl von Drais mit einer bahnbrechenden Erfindung hervortrat. Seine Laufmaschine oder Draisine, der Vorläufer des Fahrrades, begann 1817 von Mannheim aus ihren Siegeszug durch Europa. Die Erfindung des Laufrades wurde nur noch von der genialen Idee einer Kutsche mit Benzinmotor überflügelt. Auch diese Erfindung war einem Mannheimer vergönnt. In T 6, 33 gelang es Karl Benz 1878, seinen Gasmotor zum Laufen zu bringen; 1885 machte er die erste Probefahrt auf dem Ring. Es war das erste Automobil der Welt.

Neue Impulse für die seit der Residenzzeit erlahmte Bautätigkeit gab das Projekt des Rheinhafens, der 1840 eröffnet wurde. Der Hafen machte die Stadt zu einem internationalen Schifffahrtszentrum. Mannheim war Endpunkt der großen Dampfschiffahrt auf dem Rhein und damit Umladestation für alle Transporte nach dem Süden. Die erste Eisenbahn in Baden ging 1840 zwischen Mannheim und Heidelberg in Betrieb, die erste feste Neckarbrücke, 1845 eröffnet, ermöglichte später die Stadterweiterung auf dem rechten Neckarufer. Um die Mitte der 1850er Jahre erreichte die Einwohnerzahl Mannheims mit 25.000 wieder den Stand, den sie zur Zeit Karl Theodors gehabt hatte. Die noch wenig bebauten äußeren „Quadrate", wo einst die Bastionen verliefen, nahmen Gartenanlagen auf. Der Jungbusch war einer der ersten Stadtteile, der über den Ringdamm, die spätere Ringstraße, hinauswuchsen. Hier entstanden um die Jahrhundertmitte Fabrikanlagen und in den 1880er und 1890er Jahren herrschaftliche Häuser betuchter Leute, die in der Nähe ihrer Mühlen, Lagerhäuser oder sonstiger Hafenbetriebe wohnen wollten. Der Jungbusch hatte im Gegensatz zu heute den Ruf eines besseren Viertels, die Oststadt gab es noch nicht. Als Arbeitervorstadt galt dagegen von Anfang an die Neckarstadt, die ab 1872 entstand. Zu dieser Zeit nahm die Bautätigkeit einen ungeahnten Aufschwung, doch nicht als Folge der Reichsgründung, sondern als Ergebnis der günstigen Lage der Stadt, der neu geschaffenen Verkehrswege und des Ausbaus des Mühlauhafens.

Die Gründerjahre brachten einen wirtschaftlichen Boom ohnegleichen und entscheidende bauliche Veränderungen der Stadt mit sich. In die 1870er Jahre fielen die Anfänge der Schwetzingerstadt, der Neckarstadt und des Lindenhofes. Die Bevölkerungszahl wuchs zwischen 1870 und 1914 von knapp 40.000 auf über 225.000, also um mehr als das Fünffache. Die in jenen Jahren erfolgte Eingemeindungswelle von umliegenden Dörfern wie Käfertal, Neckarau, Feudenheim, Sandhofen und Rheinau hatte hieran weniger Anteil als der Zuzug von Industriearbeitern vom Land, die im Hafen und in den Fabriken der Großstadt Arbeit suchten. Auf der Neckarstadtseite wurde 1907 der Industriehafen eingeweiht, der die Belieferung der dort ansässigen Industriebetriebe und Großmühlen sicherstellte.

Auf wild wucherndes Spekulantentum und auf das Emporschießen trostloser Mietskasernen reagierte die Stadt mit der Anweisung von Bebauungsplänen. Im Gegensatz zu den ausgesprochenen Arbeitervierteln Neckarstadt und die Schwetzingerstadt sollte die Oststadt von Anfang an die „wohlsituierten Bevölkerungselemente" aufnehmen. In der Innenstadt fielen vor dem Ersten Weltkrieg zahlreiche Barockgebäude dem Bauboom der Gründerjahre zum Opfer. Die zwanziger Jahre brachten weniger Wandel, doch entstanden auch in der Weimarer Republik bemerkenswerte Bauwerke im sachlichen Stil. Die rassistische und kriegerische Politik des Nationalsozialismus löste die größte Katastrophe in der Geschichte der Stadt aus. Der durch die Taten der Nazis bedingte Verlust an Menschenleben, geistigem Potential und Kultur wirkt sich bis in unsere Tage aus. Um so mehr ist es die ernst zu nehmende Aufgabe der Gegenwart, das überlieferte kulturelle Erbe zu schützen und zu pflegen.

# 1
# Topographie

Luftaufnahme Mannheims vor dem Zweiten Weltkrieg. Die an den Ring grenzenden äußeren „Quadrate" der Innenstadt markieren in etwa den Verlauf der alten Festungswerke des 18. Jahrhunderts. Am Hauptbahnhof rechts beginnt der Kaiserring. Ab dem Wasserturm führt der Ring als Friedrichsring zur Friedrichsbrücke, geht dort in den Luisenring über, um als Parkring am Friedrichspark zu enden. Oben im Bild beginnt jenseits des Neckars die Neckarstadt und unten, über die Rheinbrücke zu erreichen, Ludwigshafen.

Die Oberstadt, um 1930. Die Breite Straße, die Hauptachse der Stadtanlage, führt zum Schloß, dessen Ehrenhof seit 1894 von der Reiterstatue Kaiser Wilhelm I. beherrscht ist. Links im Vordergrund der Paradeplatz in O 1 und das Alte Kaufhaus in N 1 mit seinem markanten Turm, ganz rechts die Jesuitenkirche in A 4 und davor das große Gebäude des Nationaltheaters in B 3.

Die Innenstadt in den dreißiger Jahren. Der Marktplatz auf G 1 bildet das Zentrum der Unterstadt – der Stadtteil mit den verwinkelten Häusern. Es war noch früh am Morgen, der mächtige Doppelbau des Alten Rathauses und der Unteren Pfarrkirche in F 1 warf noch keinen Schatten auf den Marktplatz. Im Hintergrund ist die Oberstadt zwischen Planken und Schloß zu erkennen.

Die Oststadt, Ende der dreißiger Jahre. In der Verlängerungsachse der auf den Wasserturm treffenden Planken führt hinter dem Friedrichsplatz die baumbestandene Augustaanlage aus der Stadt hinaus. Sie geht in die 1934 erbaute Reichsautobahn über, die nach Heidelberg führt. Am Horizont die Berge des Odenwaldes. Rechts im Bild die Schwetzingerstadt, rechts im Hintergrund die um 1935 gegründete Siedlung Neuhermsheim.

Planken zwischen P 6 und O 6 bis zum Wasserturm, um 1940. Die im 18. Jahrhundert angelegten Planken gingen einst vom Strohmarkt zwischen P 4 und O 4 bis zum Fruchtmarkt zwischen D 4 und E 4. Als enge Planken führten sie bis zu den Bastionen weiter. Nach der Festungsschleifung um 1800 wurden die neuen Verlängerungen im Westen Rheinstraße, im Osten Heidelberger Straße genannt. Die Planken entwickelten sich zur Verkehrsader.

Planken von O 2 und P 2 bis O 2 und P 5, um 1912. Rechts das Kaiserliche Postamt in O 2, in der linken Häuserzeile beginnen in P 5 die „engen Planken". Dort befand sich der „Durlacher Hof", die „größte Bierlokalität am Platze", der ebenso wie das Café „Cafasö" in P 6 im Jahre 1934 dem „Plankendurchbruch" weichen mußte. Davor der Strohmarkt zwischen P 4 und O 4. Hinter den engen Planken ragt der Wasserturm hervor.

Heidelberger Straße vom Wasserturm aus gesehen in den zwanziger Jahren. Im Hintergrund sind die „engen Planken" zu sehen. Den begrünten Mittelstreifen von Kaiser- und Friedrichsring zierten seit 1913 die malerischen Häuschen für einen Zeitungskiosk und eine Trinkhalle. Das Bassin vor dem Wasserturm wurde 1893 eingeweiht, die Brunnenfiguren 1895 aufgestellt.

„Plankendurchbruch“, nach 1936. Die vorspringenden Teile von P 5 und P 6 wurden 1934 nach Jahrzehnte dauernder Diskussion abgerissen. Bis 1936 entstanden Wohn- und Geschäftshäuser im Einheitsstil. In P 5 wurden das Kaufhaus „Defaka“, das Plankencafé „Kossenhaschen“ und in P 6 die „Stadtschänke“ eröffnet. Die NS-Architektur der „neuen Planken“ wirkt wie ein Fremdkörper im weitgehend noch von Gründerzeit- und Barockarchitektur beherrschten Stadtbild.

Planken zwischen P 7 und O 7, um 1930. Rechts das „Palast-Kaffee“, später Café „Rheingold“ in O 7, 8, wo man sich zum Tanzvergnügen traf. Hier war auch die Kleinkunstbühne „Libelle“. Auch die Tanzcafés „Wien“ oder „Kossenhaschen“ waren beliebt. Links das Lichtspielhaus „Alhambra“.

Breite Straße zwischen K 1 und U 1, Blick zur Friedrichsbrücke, um 1920. An dieser Stelle stand bis 1842 das Neckartor, das abgebrochen wurde, um den freien Blick in und aus der Stadt zu ermöglichen. Am Ort des heutigen Karstadt in K 1 befand sich das Kaufhaus Rothschild, links.

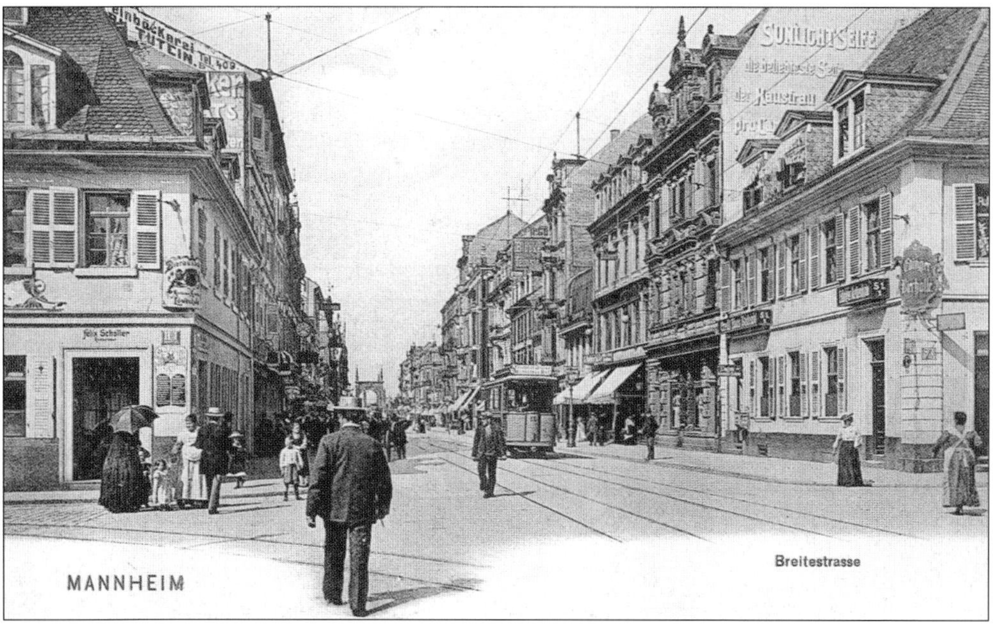


Breite Straße zwischen H 1 und S 1, Blick zur Friedrichsbrücke, um 1908. Die ursprünglich nach dem Stadtgründer Friedrichsgasse genannte Längsachse der Stadt hieß später auch Carl-Philipps-Gasse, dann Neckarstraße und seit 1950 offiziell Kurpfalzstraße. Eine Vielzahl kleiner Geschäfte und Warenhäuser, Cafés und Bier-Restaurants machten den Bummel zwischen Neckarbrücke und Marktplatz zu einem Vergnügen.

Breite Straße zwischen Marktplatz und Schloß, 1899. Die von Fräulein Lucie Pilz an den „Wohlgeb. Herrn stud. med. Robert Piowaty“ in Wien abgesandte sogenannte Lichtdruckkarte war eine von 18 einer neuen Serie. Mit ihr bedankte sie sich für eine Wiener Ansichtskarte.

Breite Straße zwischen Marktplatz und Schloß in den zwanziger Jahren. Links das Palais Bassermann, erbaut 1829, das großzügigste Bürgerhaus am Marktplatz. Ab 1929 war es der Sitz der „Neuen Mannheimer Zeitung“ und wurde im Zweiten Weltkrieg zerstört. An seiner Stelle entstand der rechteckige Bau des „Mannheimer Morgen“.

Die Kunststraße zwischen den N- und O-„Quadraten" in den dreißiger Jahren. Die Kunststraße hat ihren Namen von den einst hier angesiedelten Kunstgeschäften, z.B. war in O 3, 10 die Musikalienhandlung Heckel, ein Zentrum der Mannheimer Wagner-Verehrung. Im Hintergrund sind die Türme des Kaufhauses in N 1 und der Kurfürst-Friedrich-Schule in C 6 zu sehen. Links vorne das 1911 erbaute sogenannte Kurfürstenhaus.

Kaiserring L 14, um 1910. Der Ringgürtel wurde Ende des 19. Jahrhunderts als stattlicher Boulevard ausgebaut. Die pompösen Mietshäuser entstanden um 1885. Das vordere Eckhaus gehörte dem „amerikanischen Dentisten" Dr. Arthur Blersch.

Blick aus der Dalbergstraße in den Luisenring, um 1906. Ganz links ist das 1870 erbaute Wohn- und Geschäftshaus G 7, 24 zu sehen, das heute zu den am schönsten sanierten Häusern des Rings zählt.

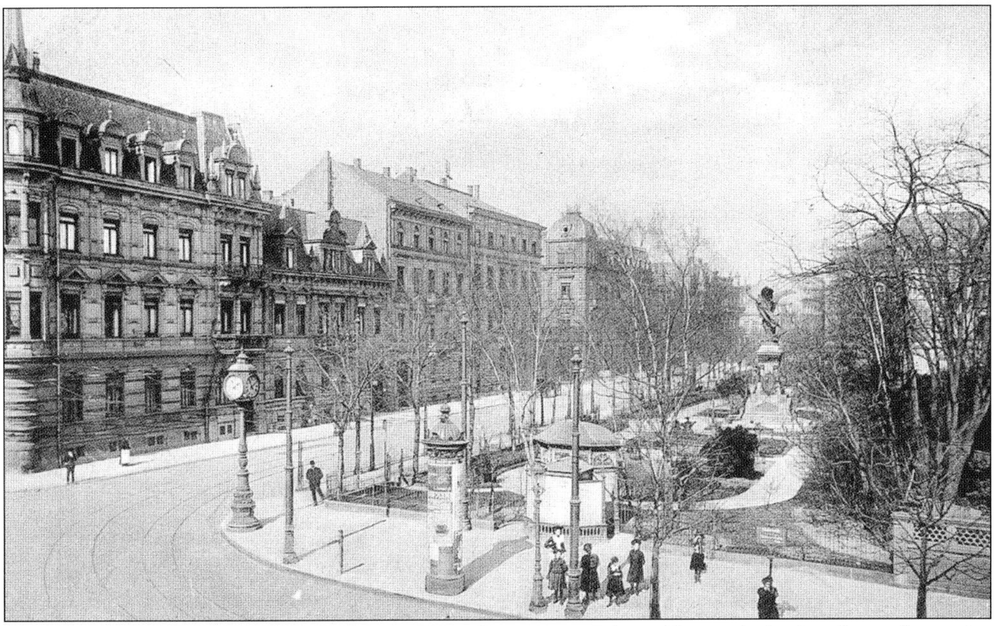

Luisenring mit Kriegerdenkmal. Der Ring wurde vor 1900 als großbürgerliche Prachtstraße an der Stelle des alten, die Stadt gegen Hochwasser schützenden Ringdamms angelegt. Das 1870/71er Kriegerdenkmal wurde 1896 in den Gartenanlagen des „Quadrats" E 7 aufgestellt. Die von Bildhauer Gustav Volz geschaffene Statue wurde 1942 abgebrochen, der Löwe ist in Bensheim-Auerbach in Privatbesitz erhalten.

Paradeplatz, um 1892. Der Platz im geometrischen Mittelpunkt der Stadt hieß im 18. Jahrhundert Place d'armes oder Alarmplatz und diente als Truppenaufmarschplatz. Die von einfachen Baumreihen umsäumte Platzanlage war auf die Fassade des barocken Kaufhauses in N 1 ausgerichtet.

Paradeplatz mit Kaufhaus in den zwanziger Jahren. Die 1895 erfolgte Umgestaltung des Platzes mit doppelten Diagonalwegen ignorierte den Zusammenhang mit dem platzbeherrschenden Kaufhaus. Die auf den zentralen Grupellobrunnen als Pyramide ausgerichtete Platzanlage wurde beim Bau des Stadthauses 1990 rekonstruiert.

Marktplatz, um 1900. Der Marktplatz im Zentrum der Unterstadt hieß schon im 17. Jahrhundert Speismarkt. Der Platz war seit jeher der Mittelpunkt des bürgerlichen Mannheim. Er wird beherrscht vom alten Rathaus und der Unteren Pfarrkirche Sankt Sebastian.

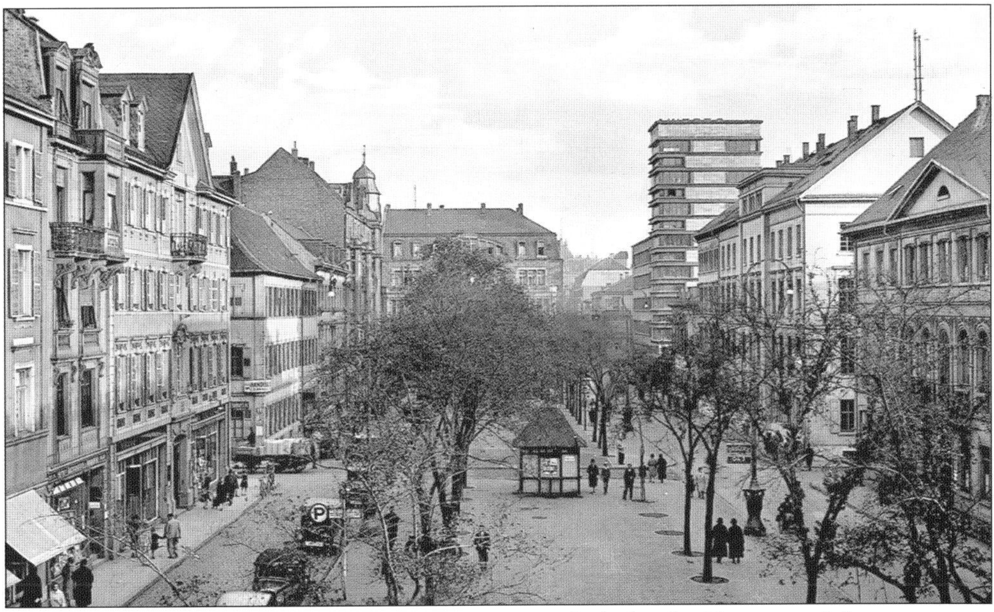

Kapuzinerplanken in der Kunststraße, um 1930. Die Südecke des Platzes wird dominiert vom ersten Hochhaus Mannheims, dem Turmhaus in N 7, 3, das später als Kaufhaus Vetter bekannt war. Es wurde von 1927 bis 1929 nach den Plänen Fritz Nathans erbaut. Das wohl beeindruckendste Beispiel für die Architektur der Neuen Sachlichkeit in Mannheim wurde 1967 für den Bau des Kaufhauses Horten abgerissen.

Wasserturmvorplatz, um 1962. Der Springbrunnen steht seit 1893. Im Bassin wurden 1895 die vier Figurengruppen aufgestellt, je ein Triton und eine Nereide mit Fischen spielend. Die heruntergekommene Anlage wurde 1999 nach dem Bau der Tiefgarage unter dem Platz vorbildlich restauriert. Der Verein „Stadtbild Mannheim" ließ die zerstörten Figuren aus Bronze neu gießen und aufstellen.

Friedrichsplatz, um 1960. Der östlich des Wasserturms gelegene Schmuckplatz ist eine der schönsten Jugendstilanlagen Deutschlands. Er entstand von 1899 bis 1903 nach den Plänen des Berliner Architekten Bruno Schmitz. Die beiden Kentauren des Berliner Bildhauers Karl Hilgers fanden 1907 hier ihre Aufstellung. Nach dem Zweiten Weltkrieg wurden die den Platz umsäumenden Arkadenhäuser rekonstruiert und wieder aufgebaut.

Rosengartenstraße, heute Berliner Straße, um 1910. Die Festhalle Rosengarten, rechts, wurde 1903 eingeweiht. Links im Bild der dreiteilige Komplex Friedrichsplatz 1-5, der seit 1901 ein architektonisches Pendant zum „Parkhotel" jenseits des Platzes bildet. Von ihm steht heute nur noch das Eckhaus am Friedrichsring. Der Mittelbau und das rechte Gebäude entstanden 1958 bzw. 1975 als Neubauten wieder.

Reichsautobahneinfahrt nach Heidelberg, um 1940. Die Reichsautobahn Mannheim – Heidelberg – Darmstadt, bereits vor 1933 geplant, wurde am 3. Oktober 1935 dem Verkehr übergeben. Sie verlängert die Achse Planken – Augustaanlage in gerader Richtung nach Osten. Links die 1929/30 erbauten Rhein-Neckar-Hallen, deren „undeutsche Architektur" den Nazis ein Dorn im Auge war.

Meßplatz vom Turm der Feuerwache in den dreißiger Jahren. An diesem Verkehrsknotenpunkt wurde 1912 die Hauptfeuerwache in Betrieb genommen. Bis nach dem Zweiten Weltkrieg fanden auf dem Meßplatz Jahrmärkte und Vergnügungsmessen statt. Eine Hauptattraktion war die große Holzachterbahn. In den fünfziger Jahren wurde die „Meß" hinter die Feuerwache verlegt, 1962 auf den Neuen Meßplatz.

Friedrichsbrücke, Blick zur Stadt, 1892. Die 1891 im Beisein des Großherzogs eingeweihte Brücke war mit architektonischem Zierrat ausgestattet. Im Hintergrund links der kleine Bahnhof der OEG, dahinter die 1889 eröffnete Friedrichsschule in U 2, in der Mitte die Türme der Konkordienkirche und des Kaufhauses. Rechts vorne eine zum Bahnhof Neckarstadt der Preußisch-Hessischen Staatsbahn gehörende Drehscheibe.

Die „Schlageterbrücke“ von Ludwigshafen aus gesehen, um 1940. Die alte Rheinbrücke von 1867 wurde von 1930 bis 1932 zu einer Straßenbrücke umgebaut, südlich anschließend entstand eine neue Eisenbahnbrücke. Im „Dritten Reich“ erhielt sie den Namen des Nazihelden Schlageter.

Der zugefrorene Rhein an der Rheinbrücke im Februar 1929. Die Chronik meldete für den 17. Februar 1929 lapidar: „Lebhafter Sonntagsverkehr auf dem zugefrorenen Rhein“.

Teufelsbrücke über den Verbindungskanal an der Jungbuschstraße, 1923. Die Teufelsbrücke, auf der Stelle einer Schleuse im alten Rheinhafen, wurde 1892/93 als elektrisch betriebene Drehbrücke umgebaut. Die zweite Drehbrücke am Verbindungskanal ist die Spatzenbrücke an der Rheinstraße.

Straßenbahnhaltestelle Rheinlust in den dreißiger Jahren. An der Einmündung des den Schloßgarten und den Friedrichspark trennenden Schloßgartendamms in den Parkring luden die Gasthäuser „Rheinschanze" und „Rheinlust" zur Einkehr. Die „Rheinlust", 1837 erbaut, wurde im Geschützfeuer der badischen Aufständischen gegen die Preußen im Juni 1849 in Brand geschossen. Heute erinnert nur noch der Name des Hochhauses „Rheinlust" an das einst beliebte Ausflugsziel.

# 2
# Das Wohnen

Die Häuser F 6, 9-13 im Jahre 1906. Am Rand der Innenstadt lebten die einfachen Leute in oftmals winzigen, einstöckigen Häuschen. Diese Barockhäuser mußten nach 1900 neuen und größeren Miets- und Geschäftshäuser weichen. Zur Zeit der Aufnahme gehörte F 6, 9, links, dem Chirurgen Franz Haberkern, Nummer 10 der Steuerbotenwitwe Philipp Nobs, Nummer 11 der Spenglerwitwe Martin Baumüller, Nummer 12 dem Schuster Heinrich Schröckhaas und Nummer 13 dem Musiker Karl Thiemecke.

Häuschen am alten jüdischen Friedhof in F 7. Die Wohnhäuser mit den Nummern 34-37 hatten eine Grundstücksgröße von etwa 40 m². Im Inneren des „Quadrats" lag der jüdische Friedhof, die älteste Begräbnisstätte der Stadt. Er wurde 1661 angelegt und mußte 1938 unter dem Druck der Nazis von der jüdischen Gemeinde geräumt werden.

H 6, 7, um 1910. Die kleine Marienstatue aus Gips wird durch die Fensterläden verdeckt. Das Arbeiterhäuschen gehörte zur Zuckerraffinerie Mannheim AG, die einen Großteil von H 6, J 5 und J 6 einnahm. Die 1834 gegründete Firma beschäftigte im Jahre 1906 etwa 160 Mitarbeiter. Die Gegend um die Zuckerfabrik galt als Armenviertel der Stadt.

H 5, 5a-9 am 26. September 1954. Die alten, aus der Barockzeit stammenden Häuser hatten die beiden Kriege überstanden, wurden jedoch 1971 für den Neubau des Zentralinstituts für Seelische Gesundheit abgerissen. Um Platz für das ZI zu machen, wurden 20 Gebäude aus der Zeit um 1900 abgebrochen. Vom zweistöckigen Haus H 5, 9, ganz rechts, wurde eine Portalumrahmung mit Engelsköpfen und der Jahreszahl 1708 eingelagert.

F 5, 22-27 im Jahre 1914. Das Eckhaus Nummer 22, links, gehörte dem Konditor Karl Kunzmann, Nummer 23 der „Taglöhner-Witwe Johann Muth und Genossen", Nummer 24 dem Lehrer Wolf Schuster, Nummer 25 der jüdischen Gemeinde, Nummer 26 der Ehefrau des Spenglers Franz Bertram und Nummer 27 dem Kaufmann Leopold Seelig. Die Rote-Kreuz-Fahnen beflaggten das gegenüberliegende Israelitische Krankenhaus in E 5, 9, das während des Ersten Weltkrieges ein Lazarett beherbergte.

C 1, 1, um 1910. Das Haus gehörte dem Kaufmann und Stadtrat Viktor Darmstädter (1858-1923), der 1906 den Verkehrsverein gründete. Er war 1903 vom jüdischen Glauben zum Protestantismus übergetreten. Er ist im Fenster rechts von der Heiligenfigur zu sehen. Das um 1733 erbaute Barockhaus wurde 1925 abgerissen und die von Paul Egell geschaffene Figur des Heiligen Chrysostomus in der Südostnische des Kaufhauses in N 1 aufgestellt.

Die Häuser M 1, 1, 10 und 9, um 1910. Im Haus Nummer 10, links vom Eckhaus, wohnte die Musikerfamilie Weber, die Wolfgang Amadeus Mozart 1778 besuchte, um sich Arien kopieren zu lassen. Das 1738 vermutlich von dem kurfürstlichen Baumeister Sigismund Zeller errichtete Eckhaus Nummer 9 war von der Figur des Heiligen Antonius von Padua geschmückt. Beide Häuser wurden im Zweiten Weltkrieg zerstört.

E 5, 1-4 am 31. März 1936. Das gesamte „Quadrat“ E 5 wurde 1936 für den Neubau des technischen Rathauses, des heutigen Rathauses, abgebrochen. Auf dem Bild, das kurz vor dem Abriß entstand, waren bereits die meisten Geschäfte aufgegeben und mit Hitlerplakaten verklebt. Im Haus Nummer 3 befand sich die jüdische Metzgerei Schott, Nummer 4 war das 1879/80 erbaute Vereinslokal des jüdischen Gesangvereins „Liederkranz“ und Nummer 9 das jüdische Krankenhaus.

Hotel „Pfälzer Hof“ in D 1, 5-6, um 1922. Hier nahmen Mozart und seine Mutter beim zweiten Aufenthalt in Mannheim 1777/78 Quartier, bis sie im Dezember eine preiswertere private Unterkunft in F 3, 5 fanden. Der „Pfälzer Hof“, um 1730 als zweistöckiges Wohnhaus erbaut, wurde 1750 zum Hotel umgebaut, um 1780 und nochmals 1844 aufgestockt. 1902 kamen die Ladeneinbauten hinzu. Die Ecknische zierte der drachentötende Erzengel Michael.

M 4, 7, um 1910. Hier betrieb das Ehepaar Sarah und Ernst Levi seit 1880 ein Geschäft für Seidenwaren. An der Hausecke im dunklen Kleid Sarah Levi (1855-1928), die, seit 1904 Witwe, das Geschäft bis 1920 weiterführte. Ihre 1936 nach Palästina ausgewanderte Enkelin, Luise Metzger, erinnerte sich viele Jahre später: „Unsere Kindheit in Mannheim verlebten wir zum großen Teil im Hause von Oma. Es war ein großes gelbes Eckhaus mit vielerlei schönen Dingen und Geheimnissen für uns. ... Im unteren Stockwerk waren die Geschäftsräume; ein Raum war vermietet für Religionsunterricht an jüdische Kinder (meist Sonntag früh) und auch Iwrith wurde dort gelehrt. Die jüdischen Kinder gingen zusammen mit allen christlichen Kindern in die allgemeine Schule und mußten deshalb privat jüdische Religion lernen. Das Geschäft von Oma ... führte Seidenstoffe, Abendtaschen, Lampenschirme, Regenschirme (alles dies wurde im Haus angefertigt) ..."

O 2, 10, um 1910. Das klassizistische Gebäude war im Erdgeschoß von nachträglichen Ladeneinbauten so verändert, daß dort nur noch das Portal mit der weinlaubumkränzten Maske im Originalzustand war. Dennoch machte die Hausfront einen harmonischen Eindruck. In der Nische stand die von Hofbildhauer Verschaffelt (1710-1793) stammende Statue des Heiligen Johannes der Täufer.

O 2, 10, um 1944. Die als „eine der anmutigsten Arbeiten Verschaffelts“ bezeichnete Johannesfigur blickt inmitten der Zerstörung noch immer betend zum Himmel empor. Sie ging im Krieg verloren.

E 7, 2-4 im Jahre 1904. Haus Nummer 2, links, gehörte dem Baumeister Konrad Wittemann, Nummer 3 der Wirtswitwe Julius Gerber und das Haus Nummer 4 dem Zigarettenfabrikanten Jakob Wey. Während das mittlere Haus noch aus dem 18. Jahrhundert stammt, hatte das zu Beginn des 19. Jahrhunderts entstandene Haus, links, schon größere Fenster. Das nach 1890 errichtete dreistöckige Mietshaus, rechts, weist eine deutlich größere Stockwerkshöhe auf.

Lange Rötterstraße 70, um 1900. Das Haus wurde vor 1900 von dem Zimmermeister Peter Straulling errichtet. Ursprünglich lag das Gebäude auf der Höhe der Straße, die damals ein Gefälle hatte. Um den Pferden der Bierkutschen das Bergaufziehen zu erleichtern, wurde das Straßenniveau nachträglich angehoben. Auch andere kleine Häuser kamen so unter das Niveau der Straße. Als letztes dieser alten Häuschen wurde die Nummer 70 im Frühjahr 1993 abgerissen.

Rosengartenstraße, rechts, und Charlottenstraße, heute Berliner Straße und Rathenaustraße, um 1910. Das Viertel entstand um 1900 am Anfang der „östlichen Stadterweiterung". Der von den Stadtplanern beabsichtigte freie Blick auf den Wasserturm wurde durch den 1996 erbauten Glassteg zwischen dem Hotel „Dorint" und Rosengarten verstellt.

Wohnhäuser Nuitsstraße 14 und Rupprechtstraße 18, heute Mozart- und Ifflandstraße, um 1905. Das Doppelwohnhaus entstand in den Jahren 1902 bis 1904 nach den Plänen des Architekten V. Lindner. Das rechte Zwillingshaus wurde im Zweiten Weltkriegs zerstört. Beim Wiederaufbau wurde keinerlei Rücksicht auf die ursprüngliche Spiegelgleichheit der Gebäude genommen. Das linke Haus, seit 1954 als Hotel „Mack" bekannt, ist erhalten.

K 1, 6, um 1900. In dem Haus, das zwischen 1850 und 1870 entstand, betrieb der SPD-Abgeordnete August Dreesbach (1844-1906) ein Zigarrengeschäft. Dreesbach, der 1890 in den Reichstag gewählt wurde, war ein Wegbereiter der Mannheimer Sozialdemokratie. Als Vertreter der Arbeiterinteressen hatte er wesentlichen Anteil an der Entwicklung Mannheims zur Großstadt.

K 1, 6 kurz vor dem Abbruch im Jahre 1981. Die beiden, durch zierliche Säulchen verbundenen Balkone sollten nach dem Willen der Denkmalschützer in den Neubau integriert werden, doch verschwanden sie kurz nach dem Abriß auf unerklärliche Weise. Dem 1983/84 erfolgten Neubau des Wohn- und Geschäftshauses Kurpfalzpassage in K 1 mußten vier Altbauten weichen.

Werderplatz, um 1905. Bei der Bebauung der Oststadt blieb zunächst der Werderplatz „für öffentliche Zwecke reserviert". Ein Teil des Platzes wurde 1898 an die evangelische Kirche verkauft, die 1907 dort mit dem Bau der Christuskirche begann. Das Haus Werderplatz 5, links im Bild, heute Elisabethstraße 11, ließ der Zeitungsbesitzer J. Katz 1901/02 nach den Plänen von Conrad Wittmann erbauen.

Werderstraße, um 1915. Die herrschaftlichsten Häuser der Stadt, von rechts nach links: Villa Georg Giulini, Villa Oskar Smreker, Villa Karl Reuther, Villa Friedrich Engelhorn, Villa Heinrich Röchling. Links eines der Pfarrhäuser der Christuskirche und der Zierbrunnen. Der am meisten vertretene Villenarchitekt ist Rudolf Tillessen. Von ihm stammen alle abgebildeten Herrschaftshäuser, nur Villa Smreker wurde von Gustav Uhlmann entworfen, das Pfarrhaus von Christian Schrade.

„Müttererholungsheim der N.S.V. Röchlingburg", nach 1933. Das schloßartige, in den Jahren 1901/02 erbaute Wohnhaus war nach dem einstigen Bauherrn, dem Industriellen Heinrich Röchling, benannt worden. In der NS-Zeit als Müttererholungsheim genutzt, war die Villa 1959 bis 1974 ein Seminar- und Bildungszentrum der Jesuiten. Dem Anliegen der Denkmalschützer, die Villa als erhaltenswertes Beispiel großbürgerlicher Wohnkultur zu erhalten, standen die Wünsche der Rhein-Finanztreubau GmbH unter Beteiligung der Stadtsparkasse entgegen. Die Stadtverwaltung erteilte 1977 die Abrißgenehmigung.

Spelzengärten in den dreißiger Jahren. Die legendären Spelzengärten in der Neckarstadt lagen verstreut zwischen der Langen Rötterstraße und der Waldhofstraße. In Zeiten der Wohnungsnot entstanden hier aus Holz, Teer und Pappe „wilde" Siedlungen. Im Jahre 1931 lebten 646 Menschen in den Spelzengärten, die als „primitive Erd- und Hüttenwohnungen, Schlupfwinkel und verteidigter Besitz unsicherer Existenzen" bezeichnet wurden. Den Nazis waren die Gärten als Ort kommunistischer Betätigung und des Arbeiterwiderstandes besonders verhaßt. Im Gartenhaus von Fritz Abel wurden bis 1936 in Zusammenarbeit mit Georg Lechleiter illegale Flugblätter und die kommunistische „Arbeiter-Zeitung" hergestellt. Während des Krieges entstanden in den Spelzengärten weitere Notwohnungen für ausgebombte Mannheimer. Die letzten Reste der Spelzengärten verschwanden erst beim Bau des Herzogenriedbades 1956 und bei der Anlage des neuen Meßplatzes 1962.

Mittelstraße und Waldhofstraße am Alten Meßplatz, 1991. Das Tor zur westlichen Neckarstadt, von den Stadtplanern um 1900 bewußt architektonisch reizvoll gestaltet, sorgte in den neunziger Jahren für heftige Kontroversen zwischen Verkehrsplanern und Denkmalschützern. Der Verbreiterung der Waldhofstraße, für die Straßenbahn vorgeblich von höchster Dringlichkeit, standen sieben Gebäude aus der Zeit um 1900 im Wege, darunter fünf nach dem Denkmalschutzgesetz geschützte historische Wohnhäuser. Die Erhaltung von Kulturdenkmälern fiel bei den Entscheidungsträgern weniger ins Gewicht. Im Frühjahr 1998 versank der Laurentiusblock zwischen Mittel- und Waldhofstraße in Schutt und Asche. Ein reizloser Neubau markiert seitdem das „Tor zur Neckarstadt".

# 3

# Das Berufsleben

Mühlauhafen, um 1890. Das vermutlich an einem Sonntag von Hoffotograf Anton Weinig aufgenommene Foto zeigt rechts die 1865 gegründete Mannheimer Lagerhaus-Gesellschaft. Ursprünglich befaßte sich die Firma mit der Lagerung von Petroleum. Später ging sie zum Bau von Lagerhäusern und zum Betreiben einer eigenen Schiffsflotte über. Ihr 1882 erbautes achtstöckiges Lagerhaus mit Silos und Schüttböden wurde zum Wahrzeichen des Mühlauhafens.

Verbindungskanal mit Teufelsbrücke, um 1890. Die Aufnahme des Hoffotografen Anton Weinig vermittelt einen Eindruck vom Verkehr mit Pferdefuhrwagen im Hafengebiet. Über die Laufbretter an den Schiffen hatten die Sackträger beim Entladen bis zu zwei Zentner schwere Säcke zu tragen.

Besatzung des Schiffes 29 der „Rheinschiffahrt Actiengesellschaft vorm. Fendel" im Hafen von Antwerpen, Dezember 1913. Die Postkarte schickte der Schiffer Heinrich Narjes von Antwerpen am 12. Dezember 1913 an seine in Speyer lebende Frau mit dem Hinweis, er wisse noch nicht, ob er schon an Weihnachten zurück sein werde. Die Firma hatte von Basel bis Rotterdam Niederlassungen. Ihr Hauptumschlagplatz war Mannheim – Ludwigshafen.

Mannheimer Hafenanlagen, 1913. Im Vordergrund der Verbindungskanal, der aus einem Nebenarm des Rheins, dem sogenannten Kleinen Rhein, entstanden war. In der Bildmitte der von rechts aus der Stadt abfließende Neckar, im Hintergrund der 1907 fertiggestellte Industriehafen, dem Standort mehrerer Großmühlen.

Motorboot „Lohengrin“ der Personenschiffahrt Adler, um 1940. Die 1893 gegründete Nachenfähre von Friedrich Adler zwischen Alphorn und Holzstraße kürzte den Weg über die Brücke ab. 1905 trat sein erstes Motorboot „Seeadler“ in Dienst. Seit 1936 gab es auch die Personenschiffahrt Adler, die Fahrten ins Neckartal und auf dem Rhein bis nach Speyer oder Nierstein anboten. Die Abfahrtsstelle war an der Friedrichs- bzw. Kurpfalzbrücke. 1965 wurde der Schiffsbetrieb aufgegeben.

Hildebrandmühle im Industriehafen, um 1910. Seine Bedeutung als Industriestadt hat Mannheim in starkem Maß dem Mühlenzentrum im Industriehafen zu verdanken. Von hier aus konnte das im Schiff ankommende Getreide in Silos umgefüllt, gemahlen und als Mehl auf frachtgünstigem Weg per Schiff oder Bahn weitergeleitet werden. Die 1906/07 errichtete Hildebrandmühle wurde 1993 abgerissen, obwohl sie als Kulturdenkmal unter Denkmalschutz stand.

Landwirtschaftliches Anwesen in der Käfertaler Straße, 1882. Im Industriezeitalter verschwanden die Bauernhöfe aus dem Stadtbild. Einer der letzten Höfe war die Kellersche „Ökonomie". Sie entstand auf dem Gelände einer Ziegelhütte, das seit 1849 landwirtschaftlich genutzt wurde. An der Böschung zum ehemaligen Hochgestade des Neckars, im Gebiet der heutigen Kußmaulstraße, lag sogar ein Weinberg.

Belegschaft von Schlosserei und Wagenbau bei Benz & Cie., Rheinische Gasmotorenfabrik in Mannheim, 1897. Die von Karl Benz gegründete Firma entwickelte den dreirädrigen „Patent-Motorwagen", der 1886 auf dem Ring erprobt wurde und das erste Auto der Welt war. Der Übergang zum Vierradwagen gelang Benz 1892 mit dem Modell „Viktoria". Heute ist durch den neuen Firmennamen Daimler-Chrysler das Andenken an den Erfinder des Automobils ausgelöscht.

Karosseriebau bei Benz & Cie., Rheinische Gasmotorenfabrik in Mannheim, um 1914. In der Mitte der gelernte Wagner und als Stellmacher beschäftigte Konrad Keller, der seit 1909 in Mannheim ansässig war. Der Schwarzwälder war „auf der Walz" über Köln und Essen schließlich „beim Benz" zu einer Dauerstellung gekommen.

Süddeutsche Juteindustrie Waldhof-Sandhofen auf einer Ansichtskarte von 1915. Mit der 1898 gegründeten Jutespinnerei kamen, vor allem für Frauen, Arbeitsplätze nach Sandhofen. Die im Volksmund „Knoddel" genannte Fabrik existierte 60 Jahre. Einige Reste der Werksanlagen befinden sich heute auf dem Gelände der SCA Hygiene Products, doch besitzt Sandhofen noch beachtliche bauliche Überbleibsel der alten Arbeitersiedlung.

Ansichtskarte der Demonstration der Angestellten vom 30. August 1920 durch Mannheim. Die Teilnehmer des Demonstrationszuges waren, im Kontrast zu den Arbeitern, an ihren weißen Kragen als Angestellte erkennbar.

Kaufhaus in N 1 in den dreißiger Jahren. Das 1724 bis 1746 erbaute Haus sollte nach dem Willen des Kurfürsten ein Handelsgebäude werden, das Mannheim zur Rolle einer Messe- und Handelsstadt verhelfen sollte. Die Pläne waren nicht realisierbar, doch wurden die Erdgeschoßräume für den Umsatz von Waren und für Messebetrieb genutzt. Ein Umbau machte 1903 bis 1910 das Kaufhaus zum neuen Rathaus. 1943 wurden Teile des Gebäudes zerstört, der Turm und Reste des Gebäudes 1965 entfernt. Gegen den Wunsch vieler Bürger nach einer Rekonstruktion des barocken Bauwerkes setzte die Stadt den Bau des Stadthauses durch.

Marktplatz in G 1, um 1900. Auf dem Marktplatz boten schon im 17. Jahrhundert verschiedene Händler ihre Waren an. Ein Ratsherr überwachte den Verkauf der „Viktualien" und den Gebrauch der Gewichte. Auch Dinge des täglichen Bedarfs waren zu haben. So hatte die „Brillentheres", genannt die „Stadtbrille", um 1870 hier ihren Verkaufsstand. Nur reiche Leute gingen zum einzigen Optiker der Stadt unter den Kaufhausarkaden.

Wochenmarkt im Jahre 1938. Die jüdischen Händler fehlten, denn alle städtischen Stellen hatten ihren Verkehr mit Juden eingestellt und die Verträge mit Juden aufgelöst. „Gute" Deutsche kauften ohnehin nicht mehr bei Juden.

Warenhaus Kander in T 1, 1, um 1918. Sigmund Kander gründete 1873 das älteste Kaufhaus der Stadt als Garn- und Kurzwarengeschäft in S 1, 9 und verlegte es 1890 nach H 1, 8. Im Jahre 1900 zog die Firma in den „Glaspalast" in T 1, 1, von dem nach der Explosion auf dem Oppauer BASF-Gelände 1921 nur noch das Stahlgerippe übrig blieb. Das wiederaufgebaute Kaufhaus ging bei der „Arisierung" 1935 an die Anker-Kaufstätte über.

Filiale Warenhaus Kander in der Mittelstraße 52-54/Alphornstraße 11. Im Jahre 1904 entstand die erste Filiale von Kander in der Neckarstadt-West. Durch billige Massenverkaufspreise kamen die Warenhäuser gerade bei den „kleinen Leuten" gut an, betrug doch der Tageslohn eines Arbeiters im Jahre 1906 nur 3,10 Mark. Ein Speiseteller kostete z.B. in der Weihnachtszeit 1904 gerade 4 Pfennige und eine Kaffeemühle 98 Pfennige.

Warenhaus Wronker in E 1, 5-6a, um 1906. In N 2, 8 begann S. Wronker 1887 mit einem Garn-, Knopf-, Posamentier-. Weiß- und Wollwaaren-Geschäft und bezog 1904 in E 1 seinen neu erbauten Warenhauspalast. Ein moderner Anbau mit Pfeilerfassade kam 1912 in der verlängerten Freßgasse E 1, 5-8 hinzu. 1934 übernahm die Hansa AG die Firma. 1953 wurde die noch intakte Fassade abgerissen und ein neues Geschäftshaus erbaut.

Erfrischungsraum des Kaufhauses Wronker in E 1, um 1913. Der mit „besonders vornehmer Ausstattung" versehene Erfrischungsraum war eine zusätzliche Attraktion des Warenhausangebots.

Planken, links das Warenhaus Schmoller in P 1 in den zwanziger Jahre. In D 3, 11 eröffnete Schmoller 1891 ein Geschäft für Nähartikel, in P 1, 1 folgte um 1900 ein Weiß-, Woll- und Kurzwarengeschäft. In P 1, 8-10 entstand 1904 das neue fünfgeschossige Warenhaus und 1909 eine Erweiterung in P 1, 11-12. Die antijüdischen Maßnahmen in der Nazizeit führten 1938 zur „Arisierung" und Übernahme des Hauses durch die Firma Vollmer.

Wäschegeschäft Herzberg Mittelstraße 16/Waldhofstraße 1, um 1926. 1933 begannen massive Schikanen, ab 1937 wurden Käufer von Nazi-Posten zur Rede gestellt, fotografiert oder bis in ihre Wohnungen verfolgt. Stammkunden betraten das Haus nur noch heimlich durch einen Nebeneingang in der Waldhofstraße. Der Saarbrückener Textilkaufmann Ludwig Aretz übernahm Ende 1937 den Betrieb und wandelte ihn in eine seiner Filialen um.

Wurstfabrik Michael Köpf in Q 2, 21, wohl um 1920. Szenen wie diese sind heute unbekannt, doch gehörten Warenknappheit, unregelmäßige Lieferfristen und schwankende Preise seit dem Ersten Weltkrieg viele Jahre zum Alltag. Das mühsame Organisieren der einfachsten Dinge des täglichen Bedarfs gipfelte zeitweilig in tumultartigen Szenen bis hin zu Plünderungen. Im Oktober 1923 beispielsweise wurde nach schweren Ausschreitungen der Ausnahmezustand verhängt.

Börse in E 4, 12-16, um 1915. Der 1863 gegründete Mannheimer Börsenverein konnte erst 1902 in sein repräsentatives Heim einziehen. Es wurde auf Betreiben von Emil Hirsch, Inhaber der weltbekannten Getreidefirma Jacob Hirsch & Söhne und langjähriger Vorsitzender der Mannheimer Produktenbörse, erbaut. 1938 bis 1944 war im Gebäude bereits die Städtische Hochschule für Musik und Theater untergebracht. 1987 zog die Städtische Musikschule in das neobarocke Gebäude ein.

Darleihkasse in B 2, 1, um 1909. Die 1857 aus der Handwerkerbank erwachsene Darleihkasse erbaute 1906/07 ihren stattlichen Neubau. An dem Gebäude lassen sich in den Relieffeldern folgende Stationen studieren: Grundsteinlegung der Festung Mannheim durch Friedrich IV. 1606 – Carl Ludwig empfängt die eingewanderten Wallonen, etwa 1652 – Erbauung des Kaufhauses, etwa 1736 – Zeit unter Carl Theodor, etwa 1760 bis 1785 – Einweihung des Rheinhafens 1840 – Neue Zeit.

Planken, um 1928. In P 2, 12 befand sich das Firmengebäude der Dresdner Bank, zweites Gebäude von rechts. Das markante, ursprünglich von der Mannheimer Versicherung nach Plänen des Schweizer Architekten Friedrich Bluntschli erbaute Geschäftshaus hatte die Form eines italienischen Renaissancepalasts. Die Dresdner Bank riß 1970 das noch vorhandene Erdgeschoß ab, um einen Neubau zu errichten.

Friseurgeschäft Karl Geyer in H 3, 14, wohl um 1910. Der Friseurbetrieb bot bereits Kopfwaschen mit „elektrischer Trocknung" für Damen an.

# 4
# Freizeit und Feste

Menschliche Pyramide beim Bankett der Einweihung der Turnhalle des Turnvereins von 1846, Mai 1903. Der Mannheimer Turnverein, heute als TSV oder 1846er bekannt, ist der älteste Sportverein der Stadt. 1868 folgten der Rennverein, 1876 der Ruderklub und der Ruderverein Amicitia, 1880 die Rudergesellschaft, 1882 der Veloziped-Club. Der Schwimmverein wurde 1900 ins Leben gerufen. Die 1896 gegründete Fußballgesellschaft war der erste Fußballverein, der SV Waldhof folgte 1907.

Tennisplatz am Friedrichsring in den dreißiger Jahren. Das Lawn-Tennis-Spiel war seit den 1890er Jahren eine auch in Mannheim betriebene exklusive Sportart der Reichen. 1901 erfolgte die Gründung des Tennisclubs, der auf dem Platz des heutigen Nationaltheaters seinen Spielplatz gepachtet hatte.

Eislauf auf dem Tennisplatz am Friedrichsring in den dreißiger Jahre. Wenn es die Temperaturen erlaubten, legte die Feuerwehr auf dem Tennisplatz, auf dem Meßplatz, auf dem Sportplatz im Luisenpark und auf anderen Flächen künstliche Eisbahnen an. Auch auf dem Teich des Friedrichsparks konnte bei strengem Frost Schlittschuh gelaufen werden.

Kinder beim Schlittschuhlaufen an der Langen Rötterstraße, um 1917. Verschiedene Plätze wurden im Winter von der Feuerwehr gespritzt, um Kindern das Vergnügen des Eislaufens zu ermöglichen. Eine weitere Eislaufbahn bot regelmäßig der Meßplatz vor der Hauptfeuerwache. Das im Hintergrund sichtbare Eckhaus Lange Rötter-/Verschaffeltstraße wurde 1917 fertiggestellt. Es fehlen noch die Balkone.

Eisstadion im Friedrichspark, um 1943. Das 1938 erbaute, durch Spenden der Industrie ermöglichte Eisstadion war damals in weiter Umgebung die einzige Kunsteisbahn.

Laban-Bewegungschor, Ausflug zur Kollerinsel im Jahre 1932. Unter der Leitung des weltbekannten Tanzpädagogen Rudolf von Laban führte der Mannheimer Bewegungschor im Sommer 1929 im Stadion ein Festspiel zum 150. Theaterjubiläum auf. Die Idee des modernen Ausdruckstanzes fand in Mannheim viele Anhänger. Unter dem Druck des Nationalsozialismus löste sich die Labangruppe auf.

Rheinbad oberhalb der Rheinbrücke, um 1934. Um 1777 entstanden die ersten einfachen Bäder am Rhein. 1906 gab es am Rhein und im Industriehafen insgesamt sieben, nach Geschlechtern getrennte Flußbäder. Gegen Einblick von außen waren die Bäder streng abgeschirmt. Im Herbst wurden die schwimmenden Bäder abgeschleppt und im Altrhein verankert.

Rheinbad Herweck, um 1933. Das als judenfreundlich verschrieene Bad war am 27. Juni 1935 Schauplatz einer der schwersten Ausschreitungen gegen Mannheimer Juden. SA-Männer in Zivil überfielen das so genannte „Judenaquarium“, beschimpften und schlugen jüdische und christliche Gäste, stießen sie ins Bassin oder in den freien Rhein und begossen sie mit heißem Wasser. Als letztes öffentliches Bad mußte auch das Herweck-Rheinbad 1935 das Schild „Juden hier unerwünscht“ anbringen.

Strandbad, um 1930. Das 1927 eröffnete Rhein-Strandbad bei der Reißinsel erreichte an heißen Sommertagen eine Besucherzahl bis zu 20.000. Die, von der Straße kommend, linke Seite galt als der Strand der Ledigen. Hier war immer etwas los! Rechts ließen sich die Familien nieder.

Herschelbad in U 3, um 1920. Das von dem Kaufmann Bernhard Herschel gestiftete und 1912 bis 1916 erbaute, aber erst 1920 eröffnete Bad war eines der größten Hallenbäder in Deutschland. Stadtbaurat Perrey entwarf den Bau mit drei Schwimmhallen. Das Giebelfeld in der Fassade des Mittelbaus stellt den Triumph des Neptun dar. Um die Erinnerung an den jüdischen Stifter auszulöschen, durfte das Bad in der NS-Zeit nur Städtisches Hallenbad heißen.

Dampfbad im Herschelbad in U 3, um 1920. Richard Perrey entwarf die Räume des Herschelbades in einem gemäßigten Jugendstil. Die von Perrey gewählte stilvolle Ausstattung des Bades ging durch unsachgemäße Erneuerungen teilweise verloren.

Neckarpark in der Neckarstadt, um 1910. Der Park entstand kurz vor 1900 auf dem Gelände des heutigen Klinikums nach den Plänen des Gartenarchitekten F.H. Siesmeyer. Als 1913 der Neubau des Krankenhauses den Park zerstörte, wurde den Neckarstädtern die Anlage des Herzogenriedparks als Ersatz versprochen.

Friedrichspark in den dreißiger Jahren. Ein Teil des Schloßgartens wurde 1880 abgetrennt und nach den Plänen von F.H. Siesmeyer zu einem „Vergnügungsetablissement" umgewandelt, wo im Sommer Gartenkonzerte stattfanden. Ein Restaurant, ein Teich, alter Baumbestand, Blumenbeete und die vielbewunderte Blumenuhr machten den Friedrichspark zum schönsten Park Mannheims.

Biergarten des „Durlacher Hofs“ in P 5, 2-3, um 1930. Das Gasthaus, 1807 vom Gastwirt J.G. Moll erbaut, war einer der beliebtesten Treffpunkte im Zentrum Mannheims. 1824 entstand die zugehörige Brauerei. Das alte Stammhaus in P 5 blieb als Hauptausschank bis zu seinem Abbruch im Oktober 1934 erhalten. Im idyllischen Hof blühten im Sommer die Oleanderbäume, in der Ecke stand ein Musikpavillon.

„Ballhaus“ hinter dem Schloß, um 1937. Das Restaurant „Ballhaus“ ging aus dem unter Kurfürst Carl Philipp erbauten „Ballhaus“ hervor, das hinter dem westlichen Schloßflügel stand. Das dem Tennis verwandte „jeu des paume“ gehörte zu den vornehmen Hofunterhaltungen. Die Gaststätte mit Speise- und Tanzsaal bestand bis 1939 und wurde 1943 zerstört.

Terrasse des Cafés „Wien“ in P 7, um 1930. Das Café „Wien“ war bei der Jugend beliebt, war hier doch im Straßencafé die Flaniermeile gut zu überschauen. Die P-Seite der Planken galt als Promenade der Ledigen, an der ruhigeren O-Front sollen die Verheirateten in der Überzahl gewesen sein.

„Ludwigsgrotte“ im Restaurant „Zum goldenen Stern“, B 2, 14, um 1899. Das Nachtlokal war mit einer „romantischen“ Grotte ausgestattet, wie sie von den bayerischen Schlössern bekannt war. Sie war von A. Dirigl, dem Erbauer der Grotte auf Schloß Linderhof gestaltet. Das Lokal wurde von der Polizei argwöhnisch beobachtet, da die Besucher „sich durchweg aus Elementen zusammensetzen, für welche der Besuch dieser Lokale nach ihrem Alter und ihren wirtschaftlichen Verhältnissen schädlich sein kann“.

Vegetarisches Restaurant „Ceres“ in C 1, 3 in den zwanziger Jahren. Im Stadtführer taucht das „Ceres“ als vegetarisches Restaurant in Mannheim im Jahre 1927 erstmals auf.

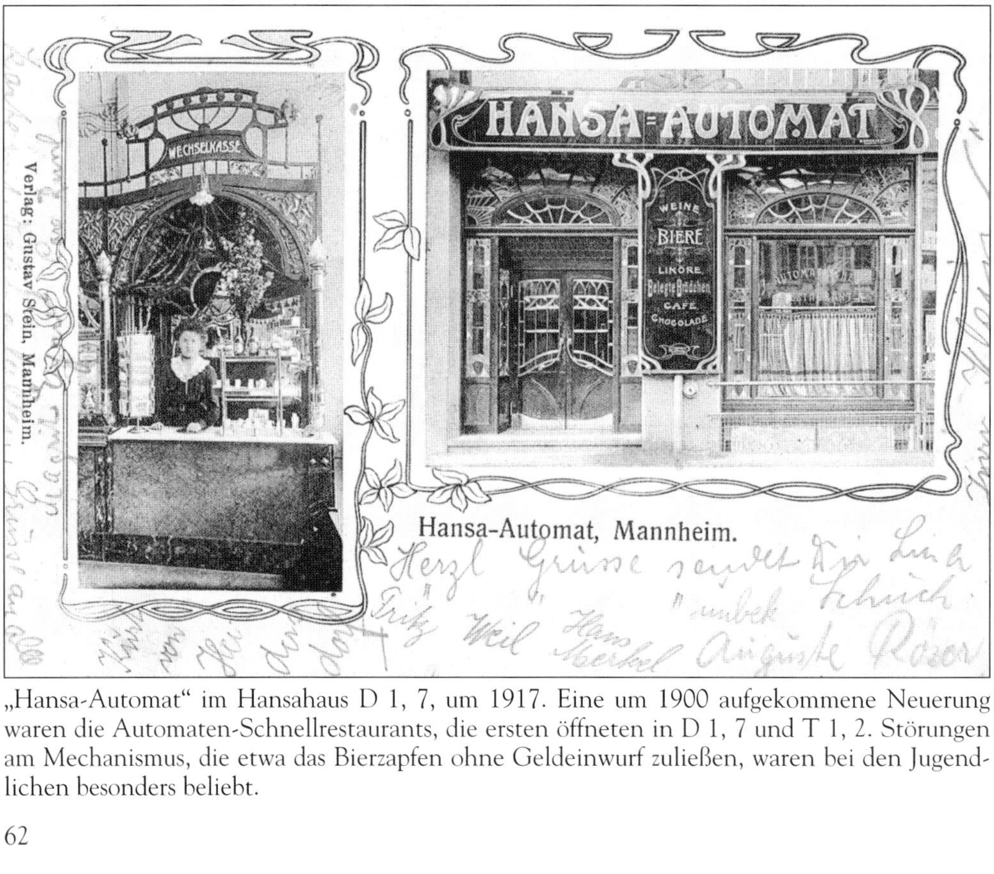


„Hansa-Automat“ im Hansahaus D 1, 7, um 1917. Eine um 1900 aufgekommene Neuerung waren die Automaten-Schnellrestaurants, die ersten öffneten in D 1, 7 und T 1, 2. Störungen am Mechanismus, die etwa das Bierzapfen ohne Geldeinwurf zuließen, waren bei den Jugendlichen besonders beliebt.

„Watt-Express-Kaffee" im Bahnhof Neckarstadt, um 1930. Von 1925 bis 1933 führte das Ehepaar Lassmann die Bahnhofsgaststätte. Hier gab es Kaffee mit Brötchen für 10 Pfennige oder Würstchen mit Kartoffeln und Salat für 1 Mark. Das jüdische Ehepaar mußte im März 1933 in die Schweiz fliehen.

„Pension Astoria" in der Gutemannstraße 7, heute Lupinenstraße, 1948. Die Straße wird die „Neunzehnte", nämlich die 19. Querstraße der Neckarstadt genannt. Hier siedelte sich um 1900 die von den Behörden teils bekämpfte, teils geduldete Prostitution an. Immer wieder machte die Stadt erfolglos gegen die Bordellstraße mobil. 1961 erhielt die Gutemannstraße den unverdächtigen Namen der in Mannheim inzwischen sehr bekannten Zierpflanze Lupine.

Landestelle an der Rheinvorlandstraße zum Empfang des großherzoglichen Paares anläßlich seiner goldenen Hochzeit und des 80. Geburtstags des Landesvaters am 12. Oktober 1906. Die Stadt Mannheim wollte zu der Jubel- und Huldigungsfeier den ersten Einzug des neuvermählten Paares vor 50 Jahren nachempfinden. Deshalb „waren die Fürstlichkeiten wieder auf dem Rhein in Mannheim eingetroffen".

Die für den Besuch des Großherzogpaares geschmückte Rheinstraße am 12. Oktober 1906. Der Einzug der „Landeseltern" in die Stadt ging durch den Parkring, Rheinstraße, Planken und die Breite Straße zum Schloß.

Ehrenpforte an der Ecke von E 7 und D 7 zum Empfang des Großherzogpaares am 12. Oktober 1906. An diesem Festaufbau, der dem Hauptportal der Markuskirche in Venedig nachgebildet war, wurde das Fürstenpaar von Stadtvertretern begrüßt.

Für den Besuch der „Landeseltern“ am 12. Oktober 1906 geschmückte Arkaden des Kaufhauses in N 1. Die Passanten, bereits im Sonntagsstaat, waren schon in festlicher Stimmung.

Straßenschmuck zum 300. Stadtjubiläum Breite Straße/Planken im Jahre 1907. Für die Dauer der Jubiläumsfeier vom Frühjahr bis in den Herbst 1907 zierten maibaumartige Flaggenmaste mit Kränzen, Blumenkörben, Gewinden, Bändern und Stoffbahnen die Straßen. Die Breite Straße war in blauen, die Planken waren in roten Tönen, der Kaiserring war orangefarbig dekoriert. Die Jubiläumsausstellung und eine Fülle von Festveranstaltungen mit über 3 Millionen Besuchern machten das Fest zum wohl größten in der Geschichte der Stadt. Den Vorschlag des Oberbürgermeisters, 10.000 Mark als Grundstock für das 400. Jubiläum im Jahre 2007 zurückzulegen, lehnte der Bürgerausschuß ab.

„Abessyner-Dorf“ in der Jubiläumsausstellung im Jahre 1907. Die exotische Vorführung war eine der Hauptattraktionen der Ausstellung.

Schwarzwaldhaus in der Jubiläumsausstellung, 1907. Im Regen wurde der Großherzog von den Stadthonoratioren begrüßt. Das Haus war eine für die Ausstellung gefertigte Kopie des ältesten Hauses im Gutachtal. Das nach der Ausstellung auf der Reißinsel wieder aufgebaute Schwarzwaldhaus diente bei den von Karl Reiß veranstalteten Schulfesten zur Bewirtung von Kindern. In den siebziger Jahren wurde es durch Brandstiftung zerstört.

Hochzeit von Emma Schmutz und Konrad Keller am 14. Oktober 1911. Neben den öffentlichen, offiziellen Festen der Stadtgemeinschaft kam den privaten Feierlichkeiten eine vielleicht noch größere Bedeutung im Leben des Einzelnen zu. Die Eheleute Keller gaben sich in der Unteren Pfarrkirche St. Sebastian das Jawort.

Platzmusik der „110er“ auf dem Friedrichsplatz, Februar 1918. In der militaristisch geprägten Gesellschaft der Zeit vor und im Ersten Weltkrieg spielten Militärfeiern eine große Rolle. Die Kapelle des Mannheimer „Hausregiments“, des Zweiten Badischen Grenadier-Regiments „Kaiser Wilhelm I.“ Nr. 110, gab auf Fronturlaub am 10. Februar 1918 ein Konzert.

Jahrmarkt auf dem Meßplatz vor der Feuerwache, um 1930. Auf dem um 1900 angelegten Meßplatz fanden Jahrmärkte und Vergnügungsmessen statt, vor allem die den Maimarkt begleitende „Maimeß" und die „Oktobermeß". In den fünfziger Jahren wurde die „Meß" hinter die Feuerwache verlegt, 1962 auf den mittlerweile zweiten Neuen Meßplatz.

Wagen des „Feuerio" auf dem Faschingsumzug, 1914. Der erste Maskenumzug in Mannheim fand 1840 statt. Die 1898 gegründete Karnevalsgesellschaft „Feuerio" spielte eine dominierende Rolle in der Mannheimer Fasnacht. Der Umzug von 1914 war für lange Zeit der letzte. Erst 1928 ging es weiter unter dem Motto: „Das Alte stürzt und's Neue fällt von selwer zamme."

„Wirtschaft zum Drachenfels“ an der Ecke Werft-/Beilstraße, um 1909. Der Jungbusch war, im Gegensatz zu heute, ein durchaus bürgerliches Viertel. In Lokalen wie diesem verkehrte der legendäre „Blumenpeter“. Mit seinem berühmten Spruch „Kaaf ma ebbes ab“ verkaufte er in den Lokalen Blumen.

Der „Blumenpeter als Athlet“, Ansichtskarte, wohl um 1900. Der als Mannheimer Original bekannte Peter Schäfer (1875-1940) zog 1891 mit seiner Familie nach Mannheim. Recht und schlecht hielt er sich mit Blumenverkauf über Wasser, im Varieté trat er gelegentlich als Laiendarsteller auf. Unzählige Blumenpeterwitze wurden ihm angedichtet, Bücher über ihn geschrieben, auf den Kapuzinerplanken wurde 1967 ein Bronzedenkmal enthüllt. Sicher verlief sein Leben weniger witzig, als es sich die Mannheimer ausmalten.

# 5
# Religion

Untere Pfarrkirche St. Sebastian und Rathaus F 1 am Marktplatz in den fünfziger Jahren. Die älteste erhaltene Kirche der Stadt wurde 1709 konsekriert. Der Gebäudetyp der Doppelkirche tauchte in Mannheim erstmals bei der Konkordienkirche auf und wurde mit der Unteren Pfarrkirche und dem Rathaus variiert. Der wertvolle geschnitzte Hochaltar wurde 1875 an das Kunstgewerbemuseum in Berlin verkauft. Nach Zerstörungen im Zweiten Weltkrieg sind dort noch Reste vorhanden.

Jesuitenkirche in A 4 in den dreißiger Jahren. Die Kirche entstand von 1733 bis 1760 als Hofkirche. Sie war durch das Kolleggebäude und einen Torbau mit dem Schloß verbunden. Der Hofarchitekt Alessandro Galli da Bibiena leitete bis zu seinem Tod 1748 den Bau, dann wurde er von F.W. Rabaliatti abgelöst. Nicolas de Pigage leitete den Innenausbau. Die Bildhauerarbeiten stammen von Paul Egell und P.A. Verschaffelt. Die Ausmalung erfolgte durch Egid Quirin Asam aus der berühmten bayerischen Künstlerfamilie.

Innenraum der Jesuitenkirche, um 1910. Im Zweiten Weltkrieg gingen der Hochaltar, die Kurfürstenlogen, die Vierungskuppel und die Asamschen Deckengemälde verloren. Beim Wiederaufbau von 1949 bis 1960 wurde auf eine Rekonstruktion der Deckengemälde und der alten Einrichtung verzichtet. Der Hochaltar und die Kurfürstenlogen sind seit 1997 wieder zu sehen. Ihre Rekonstruktion kostete rund 7 Millionen DM. Ungefähr die gleiche Summe soll für die anschließende Restaurierung des gesamten Raumes benötigt werden.

Trinitatiskirche in G 4 in den dreißiger Jahren. Die Trinitatiskirche war bis zu ihrer Zerstörung 1943 das älteste Kirchengebäude der Stadt. Als lutherische Kirche wurde sie zwischen 1706 und 1709 erbaut. Auf dem Grundstück in G 4 befand sich vor der Zerstörung durch die Franzosen 1689 das Schulhaus der Lutheraner. Die neue Trinitatiskirche entstand von 1956 bis 1959 nach Plänen von Helmut Striffler.

Musikdirektor Albrecht Hänlein mit Gattin, 1894. Hänlein (1846-1909) spielte im kirchlichen Musikleben der Stadt eine herausragende Rolle. Der Organist an der Trinitatiskirche spielte am Sabbat die Orgel in der Hauptsynagoge und gründete den Verein für klassische Kirchenmusik. Hänlein war aber auch in weltlichen Einrichtungen wie dem Nationaltheater tätig. Das Ehepaar promenierte zwischen den „Quadraten“ B 4 und B 5, im Hintergrund das Zeughaus.

„Skizze zur Erbauung 2er Konfirmandensäle mit Wohnungen bei der Konkordienkirche Mannheim", 1906. Die von Architekt Emil Döring gefertigte Zeichnung zeigt die Konkordienkirche in R 2, deren Turm von 1892 bis 1895 durch Hermann Behaghel aufgestockt und mit neubarockem Zierrat ausgestattet wurde. Seither ist dieser Kirchturm der höchste der Stadt. Die von Döring geplanten Konfirmandensäle blieben unausgeführt.

Kirchenarchitekt Hermann Behaghel (1839-1921), um 1875. Als Leiter der Evangelischen Kirchenbau-Inspektion entwarf Behaghel die Pläne für die meisten Mannheimer evangelischen Kirchen. Während er anfangs die „gothische Stilform" bevorzugte, denn sie „sei die sparsamste trotz der herrschenden Vorurtheile", befreite ihn die Einführung der Kirchensteuer in den 1890er Jahren von lästigen Sparzwängen.

Liebfrauenkirche am Luisenring, um 1908. Für die von Architekt Johannes Schroth entworfene und von 1900 bis 1903 erbaute neugotische Kirche fehlten zunächst die finanziellen Mittel, so daß der Turm mit einem Notdach versehen wurde. Sein Ausbau erfolgte erst 1909. Die Kirche besitzt zwei Glocken aus dem Alten Kaufhaus von 1746.

Lutherfigur an der Lutherkirche in der Neckarstadt, um 1980. Eine Nische am Kirchturm birgt seit 1906 eine getreue Nachbildung der Plastik von Ernst Rietschel am Wormser Reformationsdenkmal. Die Lutherkirche entstand von 1903 und 1906 nach den Plänen von Hermann Behaghel und Emil Döring anstelle der alten Lutherkirche. Die Aufstellung des kupfernen Standbildes geschah auf ausdrücklichen Wunsch der Kirchengemeinde.

Christuskirche auf dem Werderplatz in den dreißiger Jahren. Die von 1907 bis 1911 nach den Entwürfen von Theophil Frey und Christian Schrade ausgeführte Kirche war von Anfang an als monumentaler Mittelpunkt der großbürgerlichen Oststadt geplant. Mit ihr stellte das selbstbewußte protestantische Bürgertum der katholischen Jesuitenkirche ein architektonisches Pendant entgegen. Die Baukosten betrugen rund 1,5 Millionen Mark.

Entwurf für die Mannheimer Christuskirche von Schilling und Graebner, Dresden, 1906. Der ausgeschriebene Architekturwettbewerb erbrachte Entwürfe in allen Stilformen. Der von Schilling und Graebner eingereichte Entwurf mit neuromanischen Jugendstilformen war der modernste, wurde aber von der Jury abgelehnt.

Hauptsynagoge F 2, 13 im Jahre 1914. Die zwischen 1851und 1855 nach den Plänen von Ludwig Lendorff und Heinrich Lang erbaute Synagoge war architektonischer Ausdruck der Emanzipation der Juden. Das repräsentative Gebäude im „byzantinischen Stil" ersetzte die alte unscheinbare Synagoge aus dem 18. Jahrhundert. Das Eckhaus F 2, 14 war das Schiffhaus genannte jüdische Gemeindehaus.

Hannah und Berthold Rosenthal mit ihren Töchtern auf dem Weg zur Hauptsynagoge, Rosch Haschana, 1927. Zu den Hohen Feiertagen war es üblich, im Gottesdienst einen Zylinder zu tragen. Nach 1933 allerdings setzte man ihn erst in der Synagoge auf, um sich nicht Pöbeleien auszusetzen. Der jüdische Lehrer Rosenthal verfaßte zahlreiche fundamentale Forschungsarbeiten zur Geschichte der Juden in Mannheim.

Klaussynagoge in F 1, 11, Zustand von 1888 bis 1929. Neben der Hauptsynagoge existierten weitere Synagogen, deren größte die 1708 gegründete Stiftung der Lemle-Moses-Klaus war. Sie entwickelte sich zum Zentrum der orthodoxen Gemeindemitglieder. Nazischergen zerstörten die Synagoge am 10. November 1938. Behelfsmäßig repariert, wurden die Räumlichkeiten bis zur Deportation der Mannheimer Juden am 22. Oktober 1940 von der jüdischen Gemeinde benutzt.

Salomon Oppenheimer (1865-1942) beim Schreiben einer Torarolle, 1934. Oppenheimer, der eine hebräische Buchhandlung und ein Fachgeschäft für jüdischen Kultusbedarf in E 2, 12 führte, war der letzte Toraschreiber in Baden. Am 10. November 1938 wurde sein Geschäft zerschlagen. Am 22. Oktober 1940 wurde er nach Gurs deportiert und starb 1942 im Konzentrationslager Noé.

Ruine der Hauptsynagoge, 1955. In der Pogromnacht vom 10. November 1938 zerstörten SA-Leute das Gebäude und verbrannten die Einrichtung. Die Feuerwehr beschränkte sich darauf, die Ausdehnung des Brandes auf die umgebenden Grundstücke zu verhindern. Die Ruine stand noch 17 Jahre. Im Dezember 1955 wurde sie abgerissen.

Ehemaliger jüdischer Friedhof in F 7, 1955. Der älteste Friedhof der Stadt, der 1661 im „Judenbollwerk" angelegte alte jüdische Friedhof, mußte 1938 auf Druck der nationalsozialistischen Stadtverwaltung geräumt werden, angeblich um einem Parkplatz für das neue Technische Rathaus in E 5, ganz links im Bild, Platz zu machen. Noch lange nach Kriegsende waren die Reste des Friedhofs auf dem Grundstück zu sehen.

# 6
# Kunst und Bildung

Theaterplatz in B 3, links das Nationaltheater, 1897. Mannheim sei „um das Theater herum gebaut", so sagt man und meint damit die Bedeutung, die dem Nationaltheater zugemessen wird. Kurfürst Carl Theodor vermachte der Stadt Nationaltheater 1779 nach dem Weggang nach München als Abschiedsgeschenk. Lorenz Quaglio baute das alte Zeug- und Schütthaus von 1724 im „Quadrat" B 3 zu einem Komödien- und Redoutenhaus um und schuf damit eine Stätte für deutschsprachige Schauspiele, die damals noch selten aufgeführt wurden.

Großherzogliches Hof- und Nationaltheater in B 3, um 1915. Den rechten Teil des Gebäudes nahm das Theater, den linken der Redouten- und Konzertsaal ein. Der von 1853 bis 1855 erfolgte Umbau nach Josef Mühldorfers Plänen gab dem Theater ein viertes Stockwerk und eine neue Platzfassade. 1892 kam der Vorbau mit dem feuergeschützten Treppenhaus am rechten Teil der Platzfassade hinzu.

Nationaltheater in B 3 nach dem Umbau von 1934. Der alte Mühldorfersche Bau wurde technisch erneuert, besonders der mittlere und hintere Teil der Bühne. Der Treppenhausvorbau erhielt eine neue Gestalt. Die Vorstellungen fanden zur Zeit des Umbaus in dem zum Neuen Theater umgebauten Musensaal des Rosengartens statt. Schon 1933 hatte die Stadt die Abonnements von 600 jüdischen Mietern gekündigt und die jüdischen Künstler entlassen.

Mittelrisalit des Nationaltheaters in B 3 in den dreißiger Jahren. Den Skulpturenschmuck der Fassaden von 1778 schuf J.M. van den Branden. Er bestand aus Musen, Urnen, Trophäenschmuck und dem Apoll als Giebelbekrönung. Vier Sphinghen wurden 1853 entfernt. Die enge Verbindung Friedrich Schillers mit Mannheim, die 1782 in der Premiere der „Räuber" im Nationaltheater gipfelte, führte im Schillerjahr 1859 zur Namensgebung des Platzes in B 3.

Zuschauerränge des Nationaltheaters in B 3, um 1940. Die billigsten Plätze waren im „Juche" unter dem Dach. Die Luft war hier besonders im Sommer und nach der Pause, wenn der Saalordner mit dem Parfümzerstäuber durchgegangen war, unerträglich. Bei dem großen Luftangriff in der Nacht vom 5./6. September 1943 wurde das Theater so stark zerstört, daß ein Wiederaufbau nicht in Erwägung gezogen wurde. Heute ist der Platz eine Grünanlage.

Bibliothekssaal in den dreißiger Jahren. Der von 1751 bis 1758 im Ostflügel des Schlosses von Pigage erstellte Bibliotheksbau ist das Pendant zur Schloßkirche. Das Deckengemälde stellte die Entschleierung der Wahrheit durch die Zeit dar. Eine die Wahrheit verkörpernde Frauengestalt hielt bis zur Zerstörung 1943 ein aufgeschlagenes Buch, während Finsternis, Unwissenheit und Lüge in den Abgrund stürzen. Heute strahlt der Saal als Aula der Uni den Charme der sechziger Jahre aus.

Bibliothekskabinett der Kurfürstin Elisabeth Auguste, um 1960. Dieser Raum, 1756 von Pigage geschaffen, war einer der wenigen, in denen viele Teile erhalten blieben. Das Deckengemälde und die Wandvertäfelungen allerdings, die im Krieg herausgesägt und eingelagert wurden, gingen verloren und mußten nachgearbeitet werden, ebenso der nach Kriegsende als Heizmaterial verwendete, reich eingelegte Fußboden.

Kunsthalle in der Moltkestraße, um 1960. Für die große internationale Kunstausstellung 1907 ließen die Stadtväter einen Musentempel errichten, der heute zu den qualitätvollsten Bauwerken der Stadt zählt und eine der attraktivsten Kultureinrichtungen birgt. Der Eingang ist nach Süden ausgerichtet, weil an der Seite zum Friedrichsplatz ursprünglich das Reiß-Museum geplant war. Statt dessen wurde dort 1983 der neue Erweiterungsbau eröffnet.

Panorama Collinistraße, um 1900. Das Panorama, das 1899 vor dem „Quadrat" U 6 mit einem zwölfeckigen Grundriß entstand, zeigte in seiner Kuppel Schlachtenbilder als Kolossalgemälde. So war es 1899 die Schlacht bei Nuits (1870), 1900 die Schlacht bei Orléans, später die Schlacht auf der Spicherner Höhe und die Sendlinger Bauernschlacht. Danach wurde das Panorama abgebrochen.

Nibelungensaal des Rosengartens am Friedrichsplatz, um 1910. Der von 1898 bis 1903 nach Plänen von Bruno Schmitz erstellte Rosengarten ist auch heute noch ein Schmuckstück. Die Portale am Friedrichsplatz mit den Portraitbüsten von Beethoven und Mozart gehören zu den bekanntesten Jugendstilreliefs Mannheims. Der Nibelungensaal mit seinen 3.600 Sitzplätzen wurde im Zweiten Weltkrieg vollständig zerstört. Zur Bundesgartenschau 1975 entstand dafür der neue Mozartsaal.

Zentaurengruppe am Friedrichsplatz, Ansichtskarte, um 1913. Für die Ausstattung des als „gute Stube“ Mannheims gedachten Friedrichsplatzes stiftete Karl Reiß ein von dem Berliner Bildhauer Karl Hilgers entworfenes Zentaurenpaar. Beiderseits der Kaskade preschen je ein männlicher und ein weiblicher Zentaur mit Reiter vor. Entgegen der Abbildung haben die heutigen aufsitzenden Gestalten keine Fischflossen.

Planetarium im Unteren Luisenpark in den dreißiger Jahren. Oberbürgermeister Theodor Kutzer übergab den „künstlichen Himmelsdom“ 1927 der Öffentlichkeit. Das Projektionsgerät der Firma Zeiss war ein technisches Meisterwerk. Das 1924 erbaute Münchner Planetarium beispielsweise konnte nur den in München sichtbaren Himmel vortäuschen, das Mannheimer dagegen zeigte die Himmelssphäre von jedem beliebigen Punkt der Erde aus und zu jedem Zeitpunkt. Das Planetarium wurde 1943 von Bomben teilweise zerstört. 1952 beschloß der Stadtrat, es abzureißen. Danach wurde eine Liegewiese auf dem Planetariumshügel angelegt, das Untergeschoß zu einer Bedürfnisanstalt umgebaut. Das neue Planetarium wurde 1984 im Oval der Autobahneinfahrt eröffnet.

Zeughaus in C 5 und Grenadierkaserne in C 6, um 1900. Das von 1777 bis 1778 nach Plänen Verschaffelts erbaute Zeughaus ist das letzte Monumentalbauwerk der Kurfürstenzeit. Der Trophäenschmuck an der klassizistischen Fassade weist auf seine ursprüngliche Zweckbestimmung als Kaserne und Waffenkammer hin. Der 1882 abgebrannte Dachstuhl wurde in flacherer Form und ohne Gauben wieder aufgebaut. Um 1900 in städtischen Besitz übergegangen, wurde es als Gewerbehalle und als Leihhaus genutzt; um 1927 auch als Städtisches Museum für Natur- und Völkerkunde. Nach Kriegszerstörungen und Wiederaufbau wurde das Reiß-Museum 1957 im Zeughaus eröffnet. Die Generalsanierung des alten Gebäudes ist inzwischen unumgänglich und eine vom Museum gewünschte Wiederherstellung des historischen hohen Dachs soll bald weiteren, dringend benötigten Platz schaffen.

Schulhaus im „Quadrat“ R 2, um 1920. Die Konkordienkirche geht auf die 1685 errichtete Doppelkirche, deren nördlicher Teil nach Zerstörungen 1823/24 als Schulhaus in klassizistischen Formen wiedererstand, zurück. Das nach dem Abbruch des alten Schulhauses zwischen 1914 und 1917 nach Plänen von Richard Perrey erbaute neubarocke Schulgebäude stellte die ursprüngliche Symmetrie der Doppelkirche wieder her. Hier ist heute die Mozart-Grundschule untergebracht.

Ingenieurschule in N 6, 4a, 1914. Die 1898 im Jungbusch eröffnete Ingenieurschule bezog 1901 das Gebäude des früheren Realgymnasiums in N 6, 4a am Gockelsmarkt, das 1943 zerstört wurde. Die Ingenieurschule lebt heute in der Fachhochschule Mannheim weiter.

Luisenschule in der Tattersallstraße, 1890. Die heutige Max-Hachenburg-Schule, von Stadtbaurat Gustav Uhlmann entworfen, wurde 1890 als Volksschule eröffnet. Die wie ein Palast der Spätrenaissance anmutende Schule verdankte ihren ursprünglichen Namen der badischen Großherzogin Luise, der Tochter Kaiser Wilhelm I. Seit der Renovierung von 1978 bis 1981 gehört das bekannte Bauwerk zu den schönsten Schulgebäuden der Stadt.

Mollschule in der Wespinstraße, um 1900. Das von 1898 bis 1900 nach Plänen von Stadtbaurat Uhlmann und den Architekten Arnold und Stiffenhöfer als Volksschule errichtete Schulhaus nahm 1957 das Liselotte-Gymnasium auf.

Karl-Friedrich-Gymnasium in der Roonstraße, um 1900. Das Schulhaus wurde von 1895 bis 1899 im Gegensatz zu anderen Schulen auf Staatskosten erbaut. Vorher war das 1807 gegründete Lyzeum im früheren Jesuitengymnasium untergebracht, das sich südlich an die Jesuitenkirche anschloß.

Elisabethschule in D 7, 8 beim Einzug des Großherzogpaares am 12. Oktober 1906. Die Schülerinnen der Höheren Mädchen- und Mädchenrealschule jubelten dem Landesherrn zur Doppelfeier seines 80. Geburtstages und zur goldenen Hochzeit begeistert zu. Die Schule wurde 1863 im Westflügel des Schlosses ins Leben gerufen. 1898 siedelte sie in ein ehemaliges Tabakmagazin in D 7, 22 über und bezog 1905 das neue Schulhaus.

Institut und Pensionat Sigmund in A 1, 9 im Jahre 1924. Die seit 1894 bestehende Privatschule versprach „erfolgreiche Vorbereitung zur Quinta bis Prima, zum Einjährig-Freiwilligen-, Primaner-, Fähnrichs- und Maturitäts-Examen: Vorzügliche Referenzen“.

Großherzoglich Badisches Realgymnasium Ecke Friedrichsring/Tullastraße, um 1893. Das Gebäude hieß später Adolf-Hitler-Schule. 1945 wurde der Bau in Goethe-Realgymnasium umbenannt, obwohl in dem zerstörten Schulhaus der Unterricht nie wieder aufgenommen wurde. Statt dessen kam hier von 1944 bis 1949 die Verwaltung der Straßenbahn unter, Flüchtlinge wurden einquartiert. Das noch in großen Teilen erhaltene Gebäude wurde abgerissen.

Uhlandschule, Lange Rötterstraße, um 1913. Die 1912/13 als Distrikts-Schulhaus erbaute Uhlandschule nahm die Hilfs- und Förderklassen des Mannheimer Nordens auf. Kurz zuvor hatte der Schulrat Anton Sickinger (1858-1930) das Mannheimer System der Differenzierung der Schulklassen nach Leistung begründet. Das Schulsystem wurde 1934 von den Nazis „als dem nationalsozialistischen Gemeinschaftsgedanken widersprechend aufgegeben".

Klasse der Wohlgelegenschule, Käfertaler Straße, 1933. Im Hintergrund beherrscht bereits ein Bild des „Führers" den Raum. Der an der Käfertaler Straße gelegene Ostflügel und der Mittelbau wurden 1901/03 nach den Plänen von Bauinspektor Hauser erstellt, 1908/10 folgte die zweite Gebäudehälfte an der Kronprinzenstraße, heute Friedrich-Ebert-Straße. Seit 1981 verstellt die neu errichtete Sporthalle den Blick auf die alte Südfassade.

Luzenbergschule, um 1914. Die beiden Schulhausflügel der Luzenbergschule wurden von 1912 bis 1914 an den bereits von 1906 bis 1909 erbauten Wasserturm auf dem Luzenberg angefügt. Der Baukomplex mit der ungewöhnlichen Verbindung einer Schule mit einem Wasserturm gilt als Wahrzeichen des Stadtteils Luzenberg. Das Dach war früher ziemlich steil und war von einem Knauf bekrönt. Nach den Zerstörungen des Zweiten Weltkrieges erhielt der Turm ein Notdach mit geringerer Dachneigung und ohne Verzierungen. 1976 wurde der Wasserturm stillgelegt. Bei der anschließenden Generalsanierung verzichtete man aus Kostengründen auf die Rekonstruktion der ursprünglichen Dachform.

# 7
# Staat und Stadt

Luftaufnahme in den dreißiger Jahren. Das Schloß wurde von 1720 bis 1760 nach dem Muster von Versailles erbaut. Anlaß für den Bau war die von Carl Philipp angeordnete Residenzverlegung von Heidelberg nach Mannheim, doch erst sein Nachfolger Carl Theodor erlebte die Fertigstellung. Nach dem Wegzug des Hofes 1778 nach München gab erst Großherzogin Stephanie von Baden ihm höfischen Glanz zurück und bewohnte es von 1819 bis 1860 als Witwensitz.

Schloßwachthäuschen während der Ablösung der Hauptwache, 1911. Bis zur Abdankung des Großherzogs standen hier die Wachsoldaten auf Posten. Beim Durchbruch der Bismarckstraße 1901 wurden die Wachthäuschen etwas weiter auseinander und zum Schloß hin gerückt. Bei der Straßenverbreiterung 1958 wurden sie abgetragen und die Teile im Schwetzinger Schloßpark eingelagert. Seither ist der harmonische Gesamteindruck der Schloßansicht empfindlich gestört.

Gartenseite des Schlosses, um 1933. Nach der Schleifung der Bastionen um 1800 ließ Großherzogin Stefanie von 1808 bis 1811 durch Gartenarchitekt Zeyher den Schloßgarten anlegen. Seit der Eröffnung der Rheinbrücke 1868 zerschnitt eine Straße und eine Eisenbahnlinie den Garten. Heute ist der Schloßgarten durch die sogenannte Schneckennudel, einem Gewirr von Auffahrtsrampen und kreuzungsfreien Verkehrswegen, endgültig zerstört.

Altes Rathaus und Untere Pfarrkirche St. Sebastian, Tag der Einweihung des Kaiserdenkmals im Schloßhof am 14. Oktober 1894. Das älteste Gebäude der Innenstadt zeigt mit seiner Doppelfassade und dem gemeinsamen Turm ein nur in Mannheim, dort aber wiederholt auftretendes architektonisches Motiv. Der linke Flügel, von 1700 bis 1711 erbaut, diente bis 1910 als Rathaus, heute als Standesamt. Justitia und Pietas zeigen die Bestimmung der beiden Flügel an.

Erweiterungsbau des Rathauses in F 1 in den dreißiger Jahren. An der Breiten Straße befand sich, an das Rathaus angrenzend, schon im 18. Jahrhundert ein Wach- und Gefängnislokal. Nach einem seiner Insassen hieß es der „Hoorige Ranze"; 1829 wurde dieser Bau als Hauptwache erneuert und 1866 abgerissen. Hier entstand zwischen 1866 und 1868 der Erweiterungsbau, dessen Fassade sich an die barocke Formensprache der Marktplatzfront anlehnte.

Kaufhaus – Neues Rathaus, um 1910. Das von 1724 bis 1746 erbaute Kaufhaus diente den verschiedensten Zwecken, besonders aber als Sitz zahlreicher kurfürstlicher, später badischer Behörden. Um 1900 ging der Bau durch einen Grundstückstausch mit L 6 in städtische Hände über. Von Richard Perrey wurde das Kaufhaus von 1903 bis 1910 als neues Rathaus umgebaut. Während die Außenfassaden pietätvoll erhalten und restauriert wurden, gestaltete Perrey das Innere des Gebäudes großzügig um. Das neue Rathaus ging im Zweiten Weltkrieg in Flammen auf, der Turm und Teile der Seitenflügel wurden 1965 beseitigt. Trotz des von Oberbürgermeister Widder 1984 gegebenen Versprechens, daß „das alte Kaufhaus in seiner durch Bomben zerstörten Gestalt wieder aufgebaut werden wird", ignorierte die Stadt das Abstimmungsergebnis des Bürgerentscheids vom 2. November 1986, bei dem 83 Prozent der abgegebenen Stimmen für eine Rekonstruktion waren.

Großer Bürgerausschußsaal im Kaufhaus N 1, um 1910. Beim Umbau des Kaufhauses zum Rathaus wurde im Hof der große Bürgerausschußsaal als vollkommener Neubau errichtet. Seine Jugendstilformen orientierten sich am Rokoko des Kaufhausgebäudes. Mit seiner Galerie hatte er eine Grundfläche von 469 $m^2$ und war der größte derartige Saal Deutschlands.

Turmsaal im ersten Obergeschoß des Kaufhauses, um 1910. Neben dem großen Bürgerausschußsaal enthielt das neue Rathaus den Stadtratssaal, den früheren Saal des Hofgerichts und den Turmsaal als weiteres Sitzungszimmer.

Amtszimmer des Oberbürgermeisters im Kaufhaus N 1, um 1910. Oberbürgermeister Dr. Otto Beck, unter dessen Amtszeit der Umbau des Kaufhauses beschlossen und begonnen wurde, nahm hier niemals Platz. Er starb am 30. März 1908. Seine Nachfolge als Oberbürgermeister trat Paul Martin an.

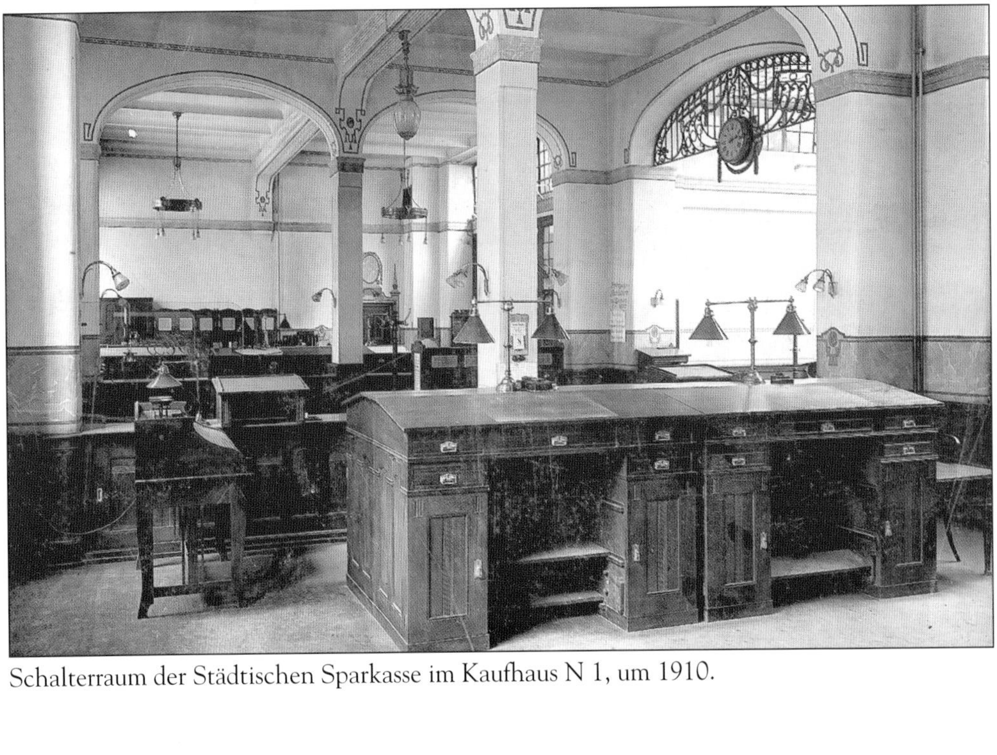

Schalterraum der Städtischen Sparkasse im Kaufhaus N 1, um 1910.

Richard Perrey in seinem Arbeitszimmer im Kaufhaus N 1, um 1910. Perrey (1866-1937) prägte als Leiter des städtischen Hochbauamtes von 1902 bis 1918 das Stadtbild nachhaltig. Der Bilderfries seines Arbeitszimmers zeigt seine Bauwerke. Als Architekt entwarf er die Pläne für fast alle städtischen Gebäude in seiner Amtszeit: von der Bedürfnisanstalt bis zum Riesenkomplex des Krankenhauses am Neckar.

Großherzogliches Bezirksamt in L 6, um 1907. Im Austausch gegen die dem Land Baden gehörenden Grundstücksteile am Kaufhaus N 1 erwarb der Staat das bisher städtische „Quadrat" L 6. Das hier von 1900 bis 1903 nach Entwürfen von Oberbaurat Hanser erbaute Amtsgebäude nahm das Großherzogliche Bezirksamt, die Polizeidirektion, die Zentral-Polizeiwache und weitere Behörden auf. Das heute als Polizeipräsidium bekannte Gebäude wurde in der Dachzone verändert wieder aufgebaut.

# 8
# Verkehrswege

Kettenbrücke, um 1890. Die seit dem 17. Jahrhundert vorhandenen Schiffsbrücken mußten bei Überschwemmungen, Eisgang oder beim Passieren eines Schiffes zur Seite gefahren werden. Erst nach der Eröffnung der Kettenbrücke an der Stelle der heutigen Kurpfalzbrücke 1845 war das Stadtgebiet nördlich des Neckars faktisch erschließbar. Die Fahrbahn war mit nur 5,30 m Breite schon nach wenigen Jahren zu eng. Das Stadtwappen am Brückenpfeiler, vom badischen Greif gehalten, befindet sich heute an der Humboldtschule in der Neckarstadt.

Luftbild von Mannheim, 1927/28. Die beiden Flüsse und die Häfen erschließen die Stadt zu Wasser, die Straßen, Brücken und Eisenbahnwege zu Land. Seit 1909 wird Mannheim auch von der Luft aus angeflogen. Auf der Friesenheimer Insel landete ein Zeppelin der Frankfurter Luftschiffahrtsausstellung. Am 6. Juni 1926 wurde der Flughafen in Neuostheim eingeweiht.

Friedrichsbrücke, Blick zur Neckarstadt, um 1907. In den Jahren 1889 bis 1891 entstand die neue Brücke, die zu Ehren des Großherzogs den Namen Friedrichsbrücke erhielt. Im Hintergrund links der 1901 erbaute Bahnhof Neckarstadt der Preußisch-Hessischen Staatsbahn. Die erst von 1911 bis 1912 erbaute Hauptfeuerwache und die um 1910 errichteten Wohnhäuser der Käfertaler Straße fehlen noch.

Friedrichsbrücke und Heidelberger OEG-Bahnhof, 1938. Der Heidelberger Bahnhof der OEG wurde am 21. Januar 1928 in Betrieb genommen. Mitte der siebziger Jahre fiel der vordere Teil des Säulenumgangs einer Straßenverbreiterung zum Opfer. Die 1945 von den Nazis gesprengte Brücke wurde wieder aufgebaut und am 31. August 1950 unter dem neuen Namen Kurpfalzbrücke dem Verkehr übergeben.

Rheinbrücken und Ludwigshafener Walzmühle, 1936. Die 1867 eröffnete Doppelbrücke bestand ursprünglich aus einer Straßen- und einer Eisenbahnbrücke. Von 1930 bis 1932 wurde sie um eine Eisenbahnbrücke erweitert, links. Das Portal auf der badischen Seite krönte die Handel und Industrie schirmende Minerva, das bayrische Portal schmückten die Figuren der Germania und Palatina von Josef Durm.

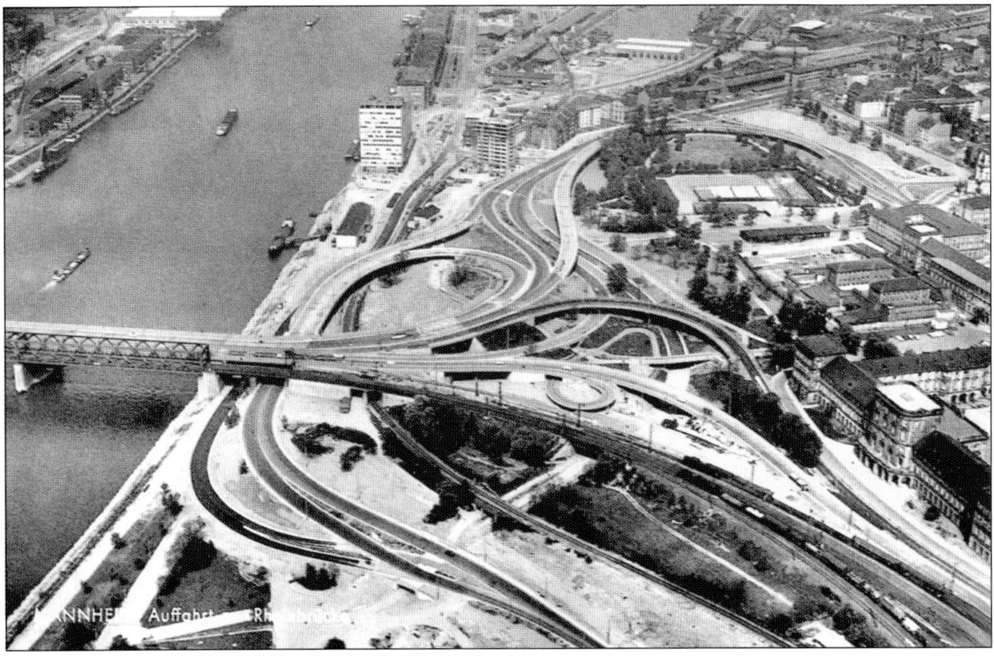


Auffahrten zur Rheinbrücke, um 1960. Die Schneckennudel genannte kreuzungsfreie Auffahrt, 1959 eingeweiht, ist ein abschreckendes Beispiel für die autogerechte Verkehrsplanung der fünfziger Jahre. Ihr fiel der größte Teil des Schloßgartens zum Opfer.

Bahnhofsplatz, um 1928. Das „in vornehmem Renaissancestil erbaute Empfangsgebäude" des 1871 bis 1876 errichteten Hauptbahnhofs wurde von 1929 bis 1930 umgebaut. Die Säulen und die Kuppel verschwanden, die Fassaden der Seitenflügel wurden um 10 m nach vorne verlegt.

Bahnhofsplatz um 1930. Die Grünanlagen haben den Straßenbahnen und Autos Platz gemacht. Das von 1910 bis 1912 erbaute Bahnhofspostamt, Mitte, wurde 1982 abgerissen. Sein alter Portikus mit den korinthischen Doppelsäulen blieb erhalten und wurde dem neuen Beton-Glas-Gebäude vorgeblendet.

Halteplatz für Pferdedroschken am Strohmarkt vor O 4, um 1895. Man konnte zwischen Ein- oder Zweispännern wählen. Kurz vor dem Ersten Weltkrieg fuhren bereits neben den Pferdedroschken die Motor-Taxameter-Droschken.

Planken vor P 5 und P 6 am Ende der dreißiger Jahre. Der „Plankendurchbruch", von 1934 bis 1936 ausgeführt, verbreiterte die „engen Planken" vor P 5 und P 6 um mehr als das Doppelte. Die Planken wurden zur verkehrsreichen Hauptstraße der Innenstadt. Die Straßenbahn verdrängte ab 1900 als Elektrische die gemütliche Pferdebahn. Die Kraftwagen beherrschten immer mehr das Straßenbild; 1936 waren 6.474 Kraftwagen in Mannheim zugelassen.

# 9

# Versorgung

Städtisches Krankenhaus und Volksküche in R 5, um 1900. Das Krankenhaus ging aus dem 1701 als Nothaus gegründeten Spital und Armenhaus hervor, das seit 1806 im Hospital der barmherzigen Brüder in R 5 untergebracht war. Im Lauf der Jahre wurde das ganze „Quadrat" für Hospitalzwecke umgebaut. 1897 wurde die Nordwestecke für eine Volksküche eingerichtet. 1992 wurden Teile des umgebauten Altbaus vom Institut für Deutsche Sprache bezogen.

Städtisches Krankenhaus, 1964. Bei seiner Einweihung im Jahre 1922 galt es als das modernste Krankenhaus Europas. Es ersetzte das alte Hospital in R 5. Die Gebäude entstanden von 1913 bis 1922, durch den Ersten Weltkrieg unterbrochen, nach den Plänen des Stadtbaudirektors Richard Perrey. Seit 1964 sind die Städtischen Krankenanstalten Universitätsklinik.

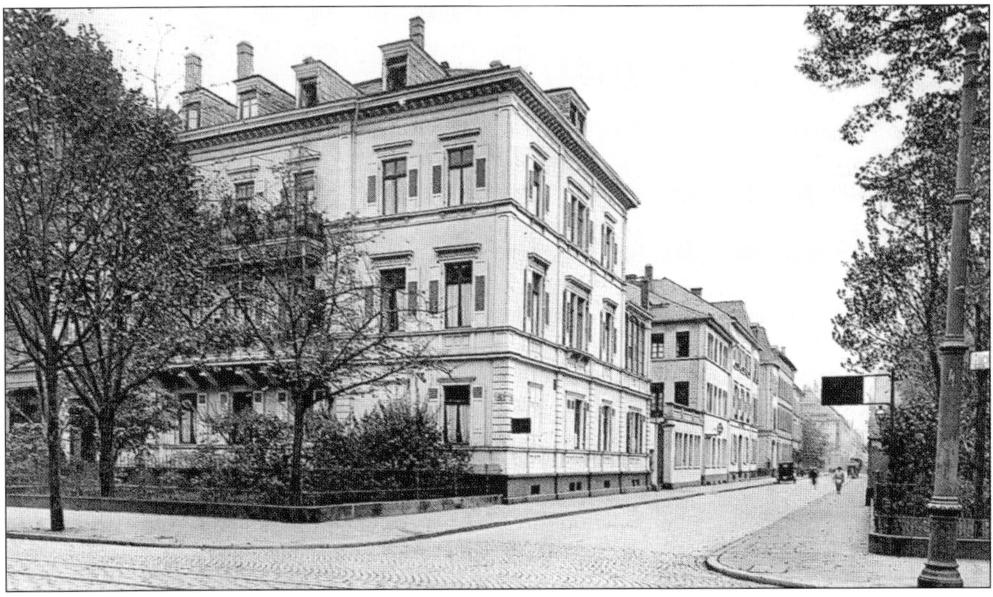

Diakonissen-Mutterhaus und Kinderhospital in F 7, 26-29, um 1920. Der Evangelische Verein für Krankenpflege durch Diakonissen richtete 1867 in F 7 ein Kinderhospital ein, das durch einen Neubau 1871 vergrößert wurde. Das 1884 nebenan eröffnete Diakonissen-Mutterhaus nahm auch Erwachsene auf. Im Zweiten Weltkrieg wurde das Krankenhaus nach Ladenburg verlegt, zog 1947 in die leer gewordene Lüttich-Kaserne am Ulmenweg. Seit 1961 befindet es sich im Niederfeld.

Lungenspital in der Hochuferstraße, um 1910. Seine Insassen hatten doppelt zu leiden, waren von Krankheit und gesellschaftlicher Ächtung zugleich gepeinigt. Das Spital wurde 1871 weitab von der Stadt errichtet. Hier, an der Stelle der heutigen Wohnblocks Ulmenweg 11-43, wurden Kranke mit Cholera, Blattern, Schwindsucht oder sonstigen Seuchen, aber auch Obdachlose verwahrt. So lange noch keine effektiven Behandlungsmethoden der „Lungenpest" oder „Schwindsucht" bekannt waren, gab es nur die „Asylierung". Die Tuberkulose galt als „Proletarierkrankheit". Besonders die Bewohner der H- und J-"Quadrate", der Amerikaner- und Bellenstraße sowie der Spelzengärten waren betroffen. Die Anstalt enthielt 87 Betten und war eine Außenstelle des städtischen Krankenhauses in R 5. Im Jahre 1933 wurde sie geschlossen. Bis zum Abriß 1965 war das Hauptgebäude eine Polizeischule.

Alte Leichenhalle auf dem 1842 eröffneten Hauptfriedhof, um 1903. Die neugotische Leichenhalle, von 1900 bis 1903 vom städtischen Hochbauamt erbaut, mußte 1964 der neuen Trauerhalle weichen. Die Seitenflügel rechts und links von der Kapelle enthielten die Aufbahrungsräume, die durch den 1903 eingeführten „Leichenhallenzwang" notwendig wurden.

Zellentrakt der Leichenhalle, um 1903. Die neue Begräbnisordnung schrieb die Aufbahrung der Toten in der Leichenhalle aus hygienischen Gründen und zum Schutz vor dem Scheintod vor. Die einzige elektrische Anlage bei der Eröffnung der neuen Einrichtung war ein Läutewerk, das bei der geringsten Bewegung in der Zelle die Alarmglocke im Wärterzimmer schrillen ließ.

Hauptfeuerwache am Alten Meßplatz, um 1930. Das Wahrzeichen der Neckarstadt-Ost wurde als Feuerwehrkaserne 1911/1912 erbaut. 1975 verließ die Feuerwehr das „alte Gemäuer". Es sollte abgerissen werden, was der Verein „Alte Feuerwache" 1978 noch verhindern konnte. Im Mai 1981 fand die Einweihung des aufwendig sanierten Gebäudes als Kulturzentrum statt. Auch die alte Turmspitze ragt seitdem wieder über der Neckarstadt.

Fahrzeughalle der Hauptfeuerwache, 1912. Mit dem Umzug von ihrer bisherigen Unterkunft in U 3 in die neue Feuerwache stellte die Mannheimer Feuerwehr auf motorisierte Löschfahrzeuge um. Die Pferde blieben in U 3 zurück. Vorne im Bild der legendär gewordene Brandmeister Heil, der ein strenges Regiment führte. Wer nicht spurte, erhielt Prügel.

Bedürfnishäuschen am alten Meßplatz, um 1910. Sein Architekt Richard Perrey beschrieb das 1906 erbaute Häuschen selbst: „Die Anstalt enthält zwei Sitze für Männer und drei Sitze für Frauen, einen Raum für die Wartefrau und ein öffentliches Pissoir. Die Kosten betrugen M. 9.632,-." Das malerische Gebäude wurde 1975 durch einen Neubau ersetzt.

Bedürfnishäuschen am Neumarkt in der Neckarstadt, um 1908. Das 1908 für 12.300 Mark erbaute „stille Örtchen" ist eines der beiden letzten in Mannheim erhaltenen Perreyschen Klohäuschen. Der Aufenthaltsraum der Klofrau wurde später zu einem Kiosk umgerüstet. Der drohende Abriß des Gebäudes wurde 1999 abgewendet und der Kiosk trotz einer baulichen Veränderung in seiner Substanz erhalten.

Bedürfnishäuschen an der Rennershofstraße, um 1915. Das 1911 für 11.000 Mark erbaute, von Richard Perrey entworfene Abortgebäude wurde später baulich nur leicht verändert. Auf Antrag des Vereins „Pro Denkmal" stellte es das Landesdenkmalamt 1999 unter Denkmalschutz.

Bedürfnishäuschen am Wasserturm, Ecke Friedrichsring/Heidelberger Straße, um 1910. Das 1906 nach Plänen Richard Perreys erbaute pittoreske Klo war architektonisch in die Grünanlage vor P 7 am Ring eingebettet. 1935/36 wurde es im Zug einer Umgestaltung des Wasserturmvorplatzes abgerissen. 1937 war zu lesen: „Die störenden Kleinbauten, die früher auf dem Platz vorhanden waren, wurden beseitigt."

Bedürfnishäuschen von Richard Perrey im Luisenpark, um 1910. Perrey schrieb 1906: „Die Stadt Mannheim besitzt an den verschiedenen Stellen der Stadt 14 öffentliche Pissoirs und 6 Aborte mit Klosetts für Männer und Frauen. Im Jahr 1899 wurde ein Kredit von M. 51.000,- zur Errichtung weiterer Aborte zur Verfügung gestellt. Aus diesem Kredit werden bei Bedarf neue Aborte errichtet."

Bedürfnishäuschen von Richard Perrey auf dem Hauptfriedhof, um 1910.

Zeitungskiosk vor dem Wasserturm, um 1913. Der von Richard Perrey entworfene und in den begrünten Mittelstreifen des Kaiserrings eingebettete Kiosk wurde 1913 erbaut. Mit einer spiegelgleichen Trinkhalle am Beginn des Friedrichsrings bildete er den Eingang zur Heidelberger Straße. 1935 wurden beide als vor dem Wasserturm „störende Kleinbauten" abgerissen.

Wartehalle an der Friedrichsbrücke, um 1915. Das 1911 nach Plänen Richard Perreys für 31.600 Mark vor dem „Quadrat" K 1 erbaute Jugendstilgebäude mußte bei der von 1938 bis 1940 erfolgten Verbreiterung der Friedrichsbrücke einem Verkehrsrondell von knapp 60 m Platz machen.

Kanalpumpwerk Ochsenpferch, um 1905. Das an eine Kirche oder ein Schloß erinnernde Gebäude, Mannheimer sprechen von der „Abwasserkirch“, entstand 1903/04. Seine recht profane Nutzung als Kanalpumpwerk zur Anhebung der Abwässer wurde von Architekt Richard Perrey bewußt kaschiert. Die Fassade enthält Elemente aus der Schloßarchitektur der deutschen Renaissance. Der für die Belüftung des Kanalsystems und zum Trocknen der Schläuche notwendige Turm ist mit Treppenhaustürmchen, Belvedere und Laterne ausgestattet.

*10*

# Zeiten des Niedergangs

Kanonier Carl Karg aus Mannheim, August 1915 beim Manöver in Hagenau, Elsaß. Seit der Mobilmachung am 1. August 1914 waren die „wehrfähigen" Männer nur noch zu kurzen Fronturlauben zu Hause. Im Ersten Weltkrieg wurde Mannheim kaum zerstört, doch starben sehr viele Mannheimer Soldaten an der Front. Für die Stadt brachte der Krieg Hunger und Not.

Erinnerungs-Ansichtskarte, um 1915. Der Reichstagsabgeordnete Dr. Ludwig Frank, ein Wegbereiter der Sozialdemokratie, trat entschieden für die Aussöhnung mit den Nachbarländern Deutschlands ein. Beim Ausbruch des Ersten Weltkrieges meldete er sich jedoch freiwillig und fiel bereits am 3. September 1914. Der nationalistische Spruch über seinem Portrait widerspricht seiner Aussage: „Mit Ernst und Würde wollen wir gegen die Ausbrüche von Völkerhaß und Gedankenlosigkeit die Stimmen der Menschlichkeit und der Vernunft reden lassen.“

Fahrbare Kriegsküche am alten Meßplatz im Ersten Weltkrieg. Die Kriegsfürsorge wurde von Behörden, Hilfsorganisationen und Spendern getragen. Mietzuschüsse für Kriegsteilnehmer und Essenversorgung für deren Angehörige bildeten den Hauptanteil der Aufwendungen.

Luisenring/Dalbergstraße nach dem Fliegerangriff vom 29. Juni 1918. Die Presse belehrte über das Verhalten bei Luftangriffen: Nach drei von der Sternwarte und der Feuerwache abgefeuerten Alarmschüssen „schleunigst im Innern der Gebäude, im Freien unter starkästigen Bäumen Deckung suchen, die oberen Stockwerke verlassen und in den unteren oder im Keller Schutz suchen, Türen und Fenster im Erdgeschoß schließen und wenn möglich die Rolläden herablassen".

Luisenring/Dalbergstraße, Ansichtskarte. Auf der Kartenrückseite steht vermerkt: „Fliegerangriff auf Mannheim am 29. 6. 18, morgens 9.10 ist im Eckhaus der 2. Stock zertrümmert worden. Ein Mädchen vis á vis in dem Balkonzimmer ist umgekommen durch Splitter." Im Ersten Weltkrieg gab es 46 Angriffe mit über 130 Bombenabwürfen. Hierbei wurden 22 Menschen verletzt und neun getötet.

Rückkehr der Kriegsgefangenen aus Frankreich im Februar 1920. Sie hatten überlebt, doch Tausende von Männern aus Mannheim starben. Das Statistische Amt ermittelte als Gesamtzahl der Mannheimer Kriegsgefallenen 6.239.

Postkarte des Wasserturms, Ende der dreißiger Jahre. Die Deutschen steuerten die nächste Katastrophe an. Auf dem Kaufhausturm in N 1 wurde am 6. März 1933 die Hakenkreuzfahne gehißt. Seitdem bestimmten solche Fahnen und anderer Nazisymbole das Straßenbild der Stadt.

Musensaal des Rosengartens in den dreißiger Jahren. Der als Fest- und Konzerthalle erbaute Rosengarten wurde seit Beginn der dreißiger Jahre immer häufiger zum Schauplatz erbitterter Saalschlachten und fanatischer Kampfreden. Hitler erschien am 23. November 1928 zum ersten Mal in Mannheim und sprach im überfüllten Nibelungensaal. Der Rosengarten war ein Hauptforum der nationalsozialistischen Propaganda.

„Parteiaufnahme" im Rosengarten, 1942. In Reih und Glied erstarrt wurden hier monströs Rituale zelebriert, während bereits frühere Nachbarn deportiert worden waren, die „Endlösung" begonnen hatte und der Krieg in ganz Europa wütete.

Ehepaar Frieda und Karl Stiefel bei der Auswanderung nach Palästina am Hauptbahnhof, Februar 1939. Nur ein Teil der rund 6.500 Mannheimer Juden konnte durch Auswanderung ihr Leben retten. Besonders Ältere hielten es nicht für möglich, daß eine Kulturnation zu einem Verbrecherstaat verkommen kann, und widersetzten sich der Emigration. Die Pogromnacht vom 10. November 1938 hatte eine letzte Auswanderungswelle zur Folge. Ab 1940 wurden über 2.000 jüdische Mannheimer deportiert und in Konzentrationslagern umgebracht.

Pfarrhaus der Melanchthonkirche in der Langen Rötterstraße nach dem Fliegerangriff am 16./17. Dezember 1940. Der erste leichte Luftangriff auf Mannheim fand bereits am 5. Juni 1940 statt. Im August 1940 erlitt die Stadt die ersten Todesopfer. Beim nächtlichen Luftangriff am 16./17. Dezember 1940 wurde auch der westliche Mittelbau des Schlosses schwer getroffen.

Marktplatz im Zweiten Weltkrieg. Der Brunnen wurde zum Schutz gegen Bombentreffern eingemauert.

Blick vom Turm der Konkordienkirche in R 2 nach Süden im Zweiten Weltkrieg. Im Mittelgrund links die Ruinen des Postamts in 0 2 und des alten Kaufhauses, davor die zerstörten Warenhäuser Schmoller, rechts Wronker. Im Hintergrund das zerbombte Schloß und die Jesuitenkirche.

Blick vom Turm der Habereckl-Brauerei in Q 4 nach Südwesten im Zweiten Weltkrieg.

Straße der Innenstadt mit Schienen der Trümmerbahn im Zweiten Weltkrieg. Bei Kriegsende hatte Mannheim nach vorsichtigen Schätzungen weit über 4.000 Gefallene und mehr als 2.000 Zivilopfer zu beklagen. Opfer der Naziideologie wurden mehr als 2.000 jüdische Mannheimer sowie über 500 Menschen, deren Asche aus Konzentrationslagern nach Mannheim zurückgeschickt wurden.

„Fernsicht-Erfrischungsrestaurant" des Kaufhauses Hansa in E 1, um 1954. Schon 1913 ermöglichte an dieser Stelle der Erfrischungsraum des Kaufhauses Wronker den Blick über die Stadt, die nun in Trümmern lag.

# Literaturauswahl


**Förderkreis historischer Grabstätten (Hrsg.):** Die Friedhöfe in Mannheim, Mannheim 1992.

**Gesellschaft der Freunde Mannheims und der ehemaligen Kurpfalz (Hrsg.):** Mannheimer Geschichtsblätter Neue Folge, Sigmaringen 1994 f.

**Ders.:** Mannheimer Hefte 1952-1996.

**Heinz, Kurt:** Liebes altes Mannheim, Mannheim 1975.

**Hook, Karl (Bearb.):** Mannheim in Wort, Zahl und Bild, Mannheim 1954.

**Huth, Hans:** Die Kunstdenkmäler in Baden-Württemberg, Stadtkreis Mannheim, 2 Bände, München 1982.

**Jacob, Gustav:** Mannheim – so wie es war, Düsseldorf 1971.

**Jugendstil-Architektur um 1900 in Mannheim,** Katalog der Ausstellung der Badischen Kommunalen Landesbank, Mannheim 1985.

**Keller, Volker:** Bilder vom jüdischen Leben in Mannheim, Mannheim 1988.

**Ders.:** Jüdisches Leben in Mannheim, Mannheim 1995.

**Lindemann, Anna-Maria:** Mannheim im Kaiserreich, Mannheim 1986.

**Mannheimmer Altertumsverein (Hrsg.):** Mannheimer Geschichtsblätter 1900-1940.

**„Mannheimer Morgen",** Lokalarchiv.

**Mathy, Ludwig:** Studien zur Geschichte der bildenden Künste in Mannheim im 18. Jahrhundert, Mannheim 1894.

**Mayher, W.:** Die bauliche Entwickelung der Stadt Mannheim, Mannheim 1905.

**Riegl, Ingeborg und Michael Caroli:** Mannheim ehemals, gestern und heute, Mannheim 1987.

**Ryll, Monika (Bearb.):** Architektur in Mannheim 1918-1939, Mannheim 1994.

**Schadt, Jörg und Michael Caroli (Hrsg.):** Mannheim im Zweiten Weltkrieg, Mannheim 1993.

**Dies.:** Mannheim unter der Diktatur, Mannheim 1997.

**Schenk, Andreas:** Architekturführer Mannheim, Berlin 1999.

**Stadtarchiv Mannheim (Hrsg.):** Mannheim Photographien 1876-1930, Mannheim 1992.

**Straub, Karl Anton :** Mannheimer Kirchengeschichte (katholisch), Mannheim 1957.

**Strümper, Wolfgang (Hrsg.):** Mannheim zu Fuß, Hamburg 1991.

**Unterrheinischer Bezirk des badischen Arch.- und Ing.-Vereins u.a.:** Mannheim und seine Bauten, Mannheim 1906.

**Verkehrsverein Mannheim (Hrsg.):** Stadtführer von 1907, 1912 und 1927.

**Verwaltungsberichte** der Stadt Mannheim.

**Walter, Friedrich:** Bauwerke der Kurfürstenzeit in Mannheim, Augsburg 1928.

**Ders.:** Das Mannheimer Schloß, Karlsruhe 1922.

**Ders.:** Mannheim in Vergangenheit und Gegenwart, 3 Bände (3. Band Verwaltungsband), Mannheim 1907 (Band 1 und 2 Nachdruck 1977/78).

**Ders.:** Schicksal einer deutschen Stadt, 2 Bände, Frankfurt/Main 1949/50.

**Watzinger, Karl Otto:** Geschichte der Juden in Mannheim 1650-1945, Stuttgart 1984.

**Weckesser, Hans:** Geliebter Wasserturm, Mannheim 1991.

**Wennemuth, Udo:** Geschichte der evangelischen Kirche in Mannheim, Sigmaringen 1996.